te

Conversations with the Divine

神性的親密對話

祈請指引，連結神聖恩典的祈禱

Caroline Myss

卡洛琳・密思——著　謝宜暉——譯

各界讚譽

「卡洛琳・密思有許多著作是我的心頭好，但可能都比不上這本。她對於我們的靈性實相（spiritual reality）、療癒與神聖語言的見解，獨特且富有深意（有時也很天馬行空）；有什麼比這些更加迫切的需要呢？這些對於恩典的祈求、指引與她發自內心深處的禱詞，是身處於這個動盪時代的我們療癒靈魂的良藥。」

——〈紐約時報〉暢銷作家，《無論如何讚美主》（*Hallelujah Anyway*）與《求助、感恩、讚嘆》（*Help, Thanks, Wow*）作者安・拉莫特（Anne Lamott）

「本書向我們展示了禱告不是只屬於神聖少數人的秘傳活動，而是我們生來就知道的語言。這些內容將會鼓勵那些忘記每天禱告習慣的人重新開始禱告，也會激勵那些從未禱告過的人立即開始對話。」

——暢銷作家與獲獎記者瑪麗亞・史瑞佛（Maria Shriver）

「卡洛琳・密思寫的這本書，將禱告的力量從修道院中解放出來，讓它進入我們的心緒之中，成為身處於充滿挑戰的時代中不可或缺的恩典。卡洛琳重新設想了我們與神聖對話的方式，用深刻且明瞭的靈性指示，提供了一條直達禱告的療癒力量與持續力的新通道，幫助我們登上任何被徵召攀登的高山。透過本書，生命靈魂潛能的新高峰正等待著你。」

——直覺策略專家與暢銷書《將命定轉變成命運》（*Transforming Fate into Destiny*）作者羅伯特・歐胡托（Robert Ohotto）

「這些與神聖的由衷對話，深刻地邀請我們表達自己在靈性上的疑惑、憂慮、渴望，以及心底最深處的夢想。卡洛琳・密思用來自於好友的溫暖與智慧，在這艱困的時刻給予我們一整座靈性洞見的寶庫。」

——《玫瑰之道：隱藏在《玫瑰經》中的聖女基本途徑》（*The Way of the Rose: The Radical Path of the Divine Feminine Hidden in the Rosary*）共同作者克拉克・史特蘭德（Clark Strand）與佩爾蒂塔・菲恩（Perdita Finn）

「在你的一生中，最需要的祈求是什麼？你知道要如何開始嗎？在本書中，卡洛琳・密思會教你一種全新的禱告方式。與神一起禱告，而非向神禱告。這本神祕的手冊包含了一百篇美妙的禱詞，也是與聖靈親近的神聖時刻，可以幫助你養成每日深度禱告的習慣，為你的生活帶來全新階段的指引、恩典與啟發。」

——《神聖轉變！》（*Holy Shift!*）與《到處發現愛》（*Finding Love Everywhere*）作者羅伯特・荷頓（Robert Holden）

「在這本書中，卡洛琳・密思邀請我們聆聽她向她的神、她的上帝禱告。在聆聽之中，我們會發現她這麼做，是在鼓勵我們對自己的神或上帝訴說所有我們的心想要說的話，不論是意料之中或意料之外的事。而且，在我們內心的聲音安靜下來時，才能夠聽見神微弱的聲音，這個聲音其實一直存在，在我們生命中的每個瞬間引導與支持著我們。」

——行動與靜思中心（Center for Action and Contemplation）的靜思老師詹姆斯．芬利（James Finley）

「卡洛琳．密思再次為我們指點了一條明路，告訴我們這次的疫情最終還是應該要回歸到靈魂層面才能解決……這是充滿力量與能量的禱詞——灌輸與注入生命的力量，以及無條件的愛所產生的能量，敞開我們的心扉，讓我們再次感受到最大的心靈滋養，並最終得到療癒。」

——哈佛醫學院教授與《哈佛醫師教你喚醒自癒力》（*Cured: The New Science of Spontaneous Healing*）作者傑佛瑞．雷迪格（Jeffrey D. Rediger, MD, MDiv）醫師

「《奇蹟課程》（*A Course In Miracles*）中寫道：『禱告是奇蹟的媒介。』世界上再沒有比這個時候更能突顯出人類需要自身以外的力量。而卡洛琳．密思以相應的方式，驚人地展現出最古老的力量。」

——作家瑪麗安．威廉森（Marianne Williamson）

「卡洛琳．密思用美妙的方式，成功喚醒了失落已久的禱告語言；我們的世界從未比現在更需要這種神聖的語言。她的禱詞是她與神聖親密相處的吉光片羽……分享隱藏在沉默中的親密訊

息是多麼勇敢的一件事。而當這種勇氣與真誠的溫柔相結合，就會有強大的療癒效果；她的禱告將療癒生病的靈魂。卡洛琳對他人的顯著關懷與她的奉獻精神，將會讓這本書成為那些需要幫助的人真正的朋友，陪伴他們度過人生旅程中的每個階段。」

——本篤會修士與世界基督教冥想社區（World Community for Christian Meditation）領導人羅倫斯．費里曼（Laurence Freeman）

「每一個想法都是禱告。思維啟動了靈性力量，進而產生改變。本書提供了這種重要思維，來達成人神靈交的最佳人生。」

——席利—索林養生機構（Shealy-Sorin Wellness）與好樂斯能量醫學教育（Holos Energy Medicine Education）校長諾曼．席利（C. Norman Shealy, M.D., Ph.D.）博士

「在我們需要重新喚醒與神聖之間關係的時刻，這本書就出現了，深刻地訴說著我內心深處的渴望、願景和真理。這本書將會喚醒所有沉睡的人，而對於那些已經被喚醒的人，則會從中獲得更多的「覺醒」燃料。整個世界都需要深化跟神聖之間的對話，而卡洛琳的新書將會帶領你去到一個可以找到所有人生問題答案的地方。這是我幾十年以來讀過最好的一本書！」

——梵天庫馬里斯（Brahma Kumaris）信徒，美國冥想電台（America Meditating）主持人珍娜修女（Sister Dr. Jenna）

「有時候，我感覺自己好像一整天幾乎都看不到、聽不到，而且言不由衷，迷失在壓力過大與失去連結的芸芸眾生之中。這時候該怎麼辦？讓我告訴你該怎麼辦：看這本書！它能夠在我們這個時代的幽暗叢林中，為我們開闢一條道路。卡洛琳．密思說，禱告的真正意義，是在看待事情的角度上尋求幫助。閱讀本書給了我全新的視野，打開了我的耳朵，並幫助我說出富有意義且充滿力量的美妙新禱詞。」

——歐米茄研究所（Omega Institute）共同創辦人，《涅槃重生》（*Broken Open*）與《卡珊卓拉說》（*Cassandra Speaks*）作者伊莉莎白．雷瑟（Elizabeth Lesser）

「在這本獨特且誠懇的靈性日記中，卡洛琳．密思邀請我們踏上一段勇敢的旅程，探索我們內心最深處的真理。……密思跟我們分享了她對於自身神祕靈魂的個人深刻洞察，而如果我們深入地傾聽，這些洞察也能夠幫助我們深入了解自己的靈魂。……在宗教解構的時代，密思卻勇於重建。她呼籲我們深化禱告的意義與實踐——這些將會在這個充滿挑戰的時代對我們大有助益。」

——《禱告：對生命的基本回應》（*Prayer: A Radical Response to Life*）、《阿奎那之道》（*The Tao of Thomas Aquinas*）與《命名不可名者》（*Naming the Unnameable*）馬修．福克斯（Matthew Fox）

「打開這本書，你會感到驚訝。它同時是禱告力量與實踐的啟示與撼動靈性的提醒。這也是神祕主義者卡洛琳．密思的激情演出：她每天都與神聖進行靈性對話，所獲得的洞見，就像在沙漠中找到的甘泉一樣受歡迎。卡洛琳充滿了深入靈魂且迷人的睿智，在禱告中從不抱怨，而是堅持談話，直到神的笑語為我們人類的時空帶來全新的洞見與強大的智慧。但請注意。你無法在不被改變與不引起強烈情緒的情況下與這本書親密交流。因為你會發現，你不僅活在神聖的宇宙中，神聖的宇宙也活在你心裡。我們是合而為一的神聖系統。然後，偉大的合唱就此開始！」

——馬瑞迪恩大學（Meridian University）校長，《「慮我」仙蹤》（*The Wizard of Us*）與《尋找摯愛》（*The Search for the Beloved*）作者珍・休斯頓（Jean Houston, Ph.D）博士

「就在我們一起經歷疫情毀滅性影響的時刻，禱告的力量正在從我們的集體意識中重新浮現出來。就在我們都在談論生命的脆弱以及對未來的擔憂時，我們再次意識到我們需要禱告。卡洛琳分享了一條用禱告回到神聖的途徑。此時此刻，唯有祈禱才能指引我們。」

——遍在大學（Ubiquity University）校長吉姆・加里森（Jim Garrison）

「卡洛琳給了我們所有人恰好都需要的東西，來培養我們的勇氣，鼓勵我們在處境艱難中懷抱希望。這本關於禱告的書，不只是神祕主義的經典，更是手把手的指導，指引我們如何用自己最真實的部分，毫無掩飾並充滿熱情地與神聖密切結合。這不僅僅是一本傑作，也是真理和賦能（empowerment）炙熱耀眼的宣言，是每個真心愛神的人都不能不閱讀、學習和深入統合的一本書。」

——《希望：神聖行動主義指南》（*The Hope: A Guide to Sacred Activism*）作者安德魯・哈維（Andrew Harvey），

與卡洛琳・貝克（Carolyn Baker）合著有《野蠻的恩典：如何在全球的暗夜中堅韌地生活》（*Savage Grace: How to Live Resiliently in the Global Dark Night*）

「我吸收了這本書的內容——一段非常私人且強大的禱告旅程，是送給我們所有人的禮物。神聖語言的重要性如今比以往任何一個時刻都來得關鍵。對於每一個渴望提升所需恩典的人而言，這是最完美的讀物。」

——艾美獎獲獎記者，《這不是我預定的生活》（*This Isn't the Life I Ordered*）與《天啊，我是靈性主義者！》（*I'm Spiritual, Dammit!*）作者珍妮佛・魏格爾（Jenniffer Weigel）

「在這本熠熠發光的神聖對話集中，卡洛琳・密思重新尋回了神聖語言，並回饋我們做為賜福，做為與生俱來的權利，做為在人為風暴中指引我們回家的燈塔。每一篇禱詞都充滿了力量，用豐富的內涵鍛造，並且同時具有特殊性與普遍性。能夠獲邀聆聽大師與她的神之間親密的對話，並於此發現直指我們內心深處渴望的可能性，是多麼棒的收穫！」

——聖女大德蘭（Teresa of Ávila）與聖十字若望（St. John of the Cross）著作譯者，《神之愛》（*God of Love*）與《野性的憐憫》（*Wild Mercy*）作者密拉白・史塔爾（Mirabai Starr）

「在卡洛琳・密思請我為她的書寫書評時，我對於即將要面臨的狀況完全沒有心理準備。從表面上看來，她的書是關於禱告如何成為神聖語言，透過這種語言，我們得以與超越我們的更偉大事物親密連結。然而，在閱讀她的文字中，我開始體驗到某種生命在對我說話，就好像我在跟自己的另一個部分對話，這讓我感到又驚又喜。不僅如此，在閱讀她的書時，我心裡開始有一種直覺：她的文字不是關於禱告，而是以一種非常神奇且意外的方式在回應我的禱告。這就像是在我內心更深處曾夢想著，卡洛琳的書在對的時間出現在我面前，好提醒我如何加深與自身靈魂的交流。不論我怎麼高度推薦這本書都不為過。卡洛琳為我們提供了一份真正的禮物，這是我們在人類歷史上此時此刻最需要的。」

——《驅魔危易客》（*Dispelling Wetiko*）與《量子啟示》（*The Quantum Revelation*）作者保羅．李維（Paul Levy）

「這些禱詞幫助我們指出我們的渴望，讓我們能夠用誠實且脆弱的新面貌，出現在神的面前。這些禱詞鼓勵我們傾聽神近乎靜默的耳語，就像一位溫柔的母親，總是願意在我們支離破碎的時候擁抱我們，帶我們靠近祂的心。……說出這些禱詞將會改變你，讓你成為目前世界正需要的療癒存在。」

——《佔領靈性》（*Occupy Spirituality*）與《新修道主義》（*The New Monasticism*）共同作者，紐約聖公會教堂靈性想像中心（The Center for Spiritual Imagination at the Cathedral of the Incarnation in New York）主任亞當．布科神父（Fr. Adam Bucko）

卡洛琳・密思的其他著作

《慧眼視心靈》（*Anatomy of the Spirit*，遠流，已絕版；豐富文化預計於2023年重新出版）

《凱若琳的人格原型書》（*Archetypes*，生命潛能，2014年）

《創造健康》（*The Creation of Health*）

《反抗重力》（*Defy Gravity*）

《進入城堡》（*Entering the Castle*）

《隱形的力量》（*Invisible Acts of Power*）

《神聖契約》（*Sacred Contracts*）

《點燃療癒之火》（*Why People Don't Heal and How They Can*，生命潛能，已絕版）

獻給恩典與祈禱的力量

目錄

前言 018
禱告的力量 021
一百篇禱詞 035
1 主啊，祢會怎樣來到我身邊？ 037
2 慈悲的行為從不孤單 040
3 禱告吧，求將有所得 042
4 讓我保持謙卑 046
5 主啊，祢在哪裡？ 048
6 主啊，為什麼會這樣？ 051
7 哀悼失去的家人 054
8 就一天，選擇擺脫負面的想法 056
9 擁抱內在的靜謐 059
10 我與眾生一起呼吸 062
11 讓我百折不撓 065
12 面對驚懼的內在自我 068
13 發現另一個真理 071
14 神聖聆聽的時刻 074
15 祝福我人生的旅程 077
16 在各個方面尋找真理 080
17 放棄追根究柢的執著 083
18 順應天理 086
19 從崩潰進入平靜 090
20 在邪惡中看清自己 093
21 讓我在此刻保持正念 097
22 在所有生命的陪伴下 100

23 在神性中 103
24 用期待的心生活 106
25 對奇蹟的看法 109
26 奇蹟的氛圍 112
27 請求神聖介入 114
28 天使就在身邊 117
29 與無神論者的對話 120
30 分享祝福 123
31 進入寧靜 126
32 幸福是什麼？ 129
33 恩典時刻 132
34 勃然大怒 135
35 創造的黑暗面 138
36 主啊，我們心自問 141
37 告求理解與寬恕的恩典 144
38 道之道 148
39 療癒的夜間飛行 151
40 有機的神性 154
41 意義與目的的好奇二三事 157
42 共同創造的力量 160
43 空氣中瀰漫的恐懼 163
44 臣服於祢的掌控 166
45 與萬物合一 169
46 變老是份禮物 171
47 靈修之路是什麼？ 174
48 拒絕是種保護 177
49 神在哪裡？ 181
50 魔鬼的聲音 184
51 虔誠的靜修 188
52 祢的奧祕 191

53 禱告宣召 194
54 神聖的想像 199
55 我們所遭受的苦難大不同 202
56 我知道今日祢將來訊 206
57 無家者 209
58 生之崇高 212
59 忍耐力 215
60 聖人是真實存在的 218
61 瘋狂地禱告吧 222
62 什麼是真實？ 225
63 因神的恩典，我得倖免於難 229
64 氛圍中的焦慮 233
65 信仰與告別 236
66 將恩典傳遞給有需要的人 239
67 黑暗的真相 242
68 我該如何教人們與祢溝通？ 246
69 緊急求救 249
70 為其他人禱告 252
71 靈魂的選擇 255
72 午夜的暴風雨 258
73 唯有祢能如此快速地改變世界 261
74 下載訊息 263
75 恩典是最後強棒 266
76 天祐 269
77 偶遇一名薩滿 272
78 火燎之夜 276
79 療癒禱詞 279
80 關於憐憫 281
81 消失中的大自然 284
82 更多關於天祐恩典的想法 287

83 透過神聖的眼光看事情 290
84 信仰的永恆奧祕 293
85 純粹的喜悅 296
86 焦慮 299
87 神恩的召喚 302
88 夢遊於邪惡之中 304
89 奇蹟之愛的力量 307
90 關於自殺的指引 311
91 心之所向 314
92 服務與犧牲 317
93 幫助我做出勇敢的選擇 319
94 愛的傳送門 322
95 如宇宙般寬廣的愛 325
96 是虛心求教的時候了 328
97 主啊，請照看我們 331
98 暗夜中的光 334
99 當我們沉睡時 337
100 無論如何，請選擇愛 340
最後的叮嚀 343
恩典索引 344
銘謝 346

前言

就在這本書付印之時，也是人類史上第一次，世界各地的人們都一起被捲入一場轉變的風暴之中。唯有神聖能夠處理這樣的混亂狀態。當我寫下這些文字時，雖然科學家正努力尋找（最終也將會追蹤到）我們正在對抗的病毒的實體基因序列，但很明顯的，病毒的背後一定有神聖的操作。這場混亂的來源是有機的：微生物。這非關政治，也並非一場戰爭。因為這場混亂是有機且全球性的，我們都一起置身其中。我們注定就該一起置身其中，因為我們注定要一起經歷一場大規模且深刻的意識轉移。

這不是我們見識過的第一場疫情。多年來，我們一直活在精神上的恐懼疫情之中：害怕其他人和其他宗教、害怕擁有的不夠，以及害怕核子戰爭降臨。我們還有什麼不害怕的？我們的整個意識一直都在等待著危機降臨，而如今，它來了。

偉大的靈性大師抱持的神聖真理核心觀念，就是我們是一個活生生會呼吸的靈魂整體。任何關於現實的其他觀點都是雜念、幻覺，或者實體世界劇場中的道具。我們不朽的部分，也就是我們的靈魂，生來就知道這個真理。而這個真理難以捉摸，在我們的整個人生中會一直於內在脈動，導致我們會不停尋找那個更偉大的「其他東西」；我們知道，必定是祂在人生的場景背後運作這一切。我們不會停止追尋，直到我們終於向內觀照，並發現存在我們內心的神聖國度。

我相信，我們正走向神聖的有機紀元：在這個紀元中，我們終將認識到神祕主義與自然的法則早就深植於我們的骨血之中。在接下來的幾十年裡，人類將會進化成超越宗教藩籬的群體，並且更完整且更有意識地投入共同創造的神祕法則中。我們從一九六〇年代開始，已經花了幾十年的時間，透過無數的管道——從自我療癒到自我賦能，從冥想、瑜珈到量子力學，學到了是我們共同創造了我們的實相，不論是個人的或是集體的。如今，我們必須有意識且充滿愛地把這個強大的真理編織進彼此的生命裡。我們是地球上所有發生事物的推手。就是我們。這種認識是對於神聖有機理解的核心真理，也是隨著萬物呼吸吐納的神聖宇宙之光的核心真理。神聖就是天地萬物。沒有東西存在於這聖光之外。一切都是創造物，而所有創造物都有意識。向上仰望、左右觀看，或者向內觀照，你永遠不會看到任何超出神聖力量與本質的東西。

我時時刻刻都在跟這位生命之神交談。在禱告中，我分享了我的想法、我的問題、我的困境與我的沉思。我已經學會把我的內在世界調整到與上天的微妙本質和諧同調：祂在我們耳邊低語及引導我們的方式、祂等待我們準備好回應的方式、祂阻止我們陷入自身愚蠢的方式，以及祂讓我們犯錯或成為我們天賦主人的方式。當前轉變中的混亂所隱含的訊息是，我們該了解神聖本質的時刻來臨了——這本質顯化於萬物中，存在於所有生命的呼吸裡，表現在支配神祕與物質境界的法則中，甚至在我們身體的健康上。我們是一整個神聖的生命系統，偉大的宇宙真理；這個真理就是，包括了我們所有人的所有生命都息息相關。我希望這本書，這些禱詞，能為你帶來安慰與恩典，幫助你度過未來將面對的困難時刻。我也希望，它們能啟發你去相信在神凡事皆能[1]：

1 譯註：出自《馬太福音》19：26。

無盡的奇蹟、神聖介入（divine intervention），以及聖潔天使的親密陪伴。

愛你的

卡洛琳・密思

於伊利諾州橡樹園鎮（Oak Park, Illinois）

二〇二〇年三月

禱告的力量

從人類第一次抬頭仰望天空，思考著世界是如何創造出來的，到第一次聽見宇宙莊嚴的低吟聲，再到我們第一次圍著篝火跳舞、在洞穴壁上畫出強大存在的形象，或者獻祭動物（甚至是其他人），在在顯示我們內心有某個部分感受到，大自然——這個所有生物的源頭，是具有意識的。大自然不僅有意識，而且它正在聆聽。我們有什麼時候沒在禱告？

然而，即使禱告是我們的原始語言，但也是種失落的語言。幾個世紀以來，人們崇敬信仰的方式——我們所祈禱的神，以及我們將神概念化的方式，都已經改變。我們與神交流的經驗逐漸進化，正在超越亞伯拉罕[2]傳統中半人半神的神話。神聖的力量是（而且一直都是）種純粹的力量，超乎了人的想像。但直到上世紀中葉，我們人類才開始在超越神的舊形象上有重大的突破。突破的結果，讓我們活在一個過渡時期中，釋放了過去的神話，並逐漸演變出新的神話，能夠連結到不斷變遷的全球社群的心靈與靈魂。我相信，這種轉變預示著我們進化上的重大轉折點，而這個轉折點遠遠超越了我們的理解。在這種轉變的核心，是我們的集體覺醒，反映在我們靈魂的力量、我們的神祕本質，以及對於神聖本質的神祕有機理解上。

2 譯註：亞伯拉罕傳統（Abrahamic tradition）指的是世界三大一神教——基督教、伊斯蘭教與猶太教的共同閃族傳統，因這三教都尊崇舊約中的亞伯拉罕而得名。

然而，在這個轉變中，有什麼被遺落了——這讓我們深受其苦。我們在日常用語中不再使用神聖語言，也不再每天禱告。幾千年來，禱告一直為人類在生活中指引方向，因為與神聖的直接連結對於應付生活中的挑戰是非常重要的。然而，在我們之中，有多少人每天喚起這種連結？我們之中很少有人了解，這種連結（或者缺乏這種連結）對我們的思考、決策甚至健康的影響有多大。我們之中也很少有人明白，如果沒有神聖語言所承載的恩典，我們的靈魂真的會因匱乏而死。

我們與禱告的神聖語言之間的失聯，即使不是最深層的靈魂因素，也很可能是導致我們現正經歷的各種流行病症的一個肇因：憂鬱、焦慮、人際關係危機，以及我們社會在倫理與道德理性方面的崩壞。與神聖連結的渴望，不會因為我們文化中的神話變得過時而消失。神話講述的故事，就是我們與神聖之間的關係、我們對神聖的需求，以及我們受神聖律法管轄的真理。宗教時代的逝去，昭示了我們和宇宙法則的個人親密關係需要改變，但並非淘汰。

這讓我想到了兒時聽過的童話故事「豌豆公主」。故事中，公主不停地在小豌豆上堆疊床墊，但她仍然可以感覺到床墊下的豌豆而無法成眠。那顆豌豆就是我們神聖的內在。我們已經盡力覆蓋它、遺忘它，一部分是故意為之，一部分則是出於無知——因為不明白它對於我們的幸福有多重要。然而，神聖仍然在召喚著我們。除非我們規律地跟自己的靈魂以及宇宙交流，否則我們總會感覺有哪裡不對勁，永遠無法感到平靜。追根究柢，我們都是神聖的存在。忘記這一點，將會讓我們面臨巨大的危機。

我們是為信仰而生的。信仰塑造了我們看待神聖力量的方式，也定義了我們在其中的角色。

這是人類歷史上首次出現大多數人都不知道自己信仰什麼的時刻。你能了解這有多史無前例嗎？這是以前從未出現過的現象，因此我們大多數人都沒有意識到，這個現象帶給我們的心理創傷，以及讓我們暴露在怎樣的危險之中，讓我們變得何等脆弱。話語是載具，可以承載光，也可以承載與之相反的東西。兩者都同樣引人入勝。當我們不知道自己信仰什麼的時候，當我們感覺沒有能力跟神建立起親密的、個人的、互相對話的關係時，我們很容易相信房間裡最強而有力的聲音。有時候，這個聲音帶著難以想像的黑暗，我們會需要大量的光、大量的信心，才能在這個信仰的真空狀態下所出現的黑暗中支撐住自己。你會需要在自己周圍維持一個恩典的場域，而這個恩典的場域來自於正念專注於你所相信的東西。正念專注與時常禱告。

我們所說的每一句話，都具有傷害或療癒的能力，能夠幫助人脫離黑暗，也能夠陷人於絕望之中。這就是語言的力量。認識到我們持有這種力量，就是所謂的變得有意識。我們確實共同創造了我們的現實，即使是小到微觀的層級。神賦予我們做這件事的工具就是語言。我們所說的每一句話，都是我們放的一塊磚，用以建造我們所生活的世界。我該怎麼描述這次的經驗？是「危機」或是「契機」？是「祝福」或是「災禍」？話語是光的載具，是我們執行神祕及創造力量的方式，切切實實是神透過我們所傾瀉的表達。我們的話語具有創造或毀滅的能力，正是神傾聽一切的證據。話語可以透過真誠而變得神聖，也可以透過負面的意圖而變成武器。在現今靈性之旅的路上，這是份偉大的禮物，也是份深刻的責任。

因此，或許你可以開始看見禱告的重要性。當我們禱告，我們請求神聖向我們展示怎麼看、怎麼說、怎麼創造。我們請求神為我們揭示並照亮正確的道路。神啊，請告訴我，該怎麼看待這件事。主啊，請向我揭露你的智慧。為我指引明路。一個詞就夠了。我所需要的就是一個詞。然後，突然間，你心中冒出了希望這個詞。或者耐心。這個詞，這個啟示，就變成了你所擁有最神聖的一個詞。你可以牢牢抓住這個詞，用它來指引你。這就是禱告的真正意義：在如何看待事情上尋求幫助。

這就是為什麼我必須寫這本書的原因：敦促你用這種新的方式禱告。這種方式不是懇求，祈求神免去你做錯決定必須承擔的後果。我的書也不是要解釋為什麼壞事會發生在好人身上——這超出了我的能力範圍。這本書的目的，是分享我禱告的方式，也就是對於恩典的簡單請求。「神啊，幫幫我。別讓我說出蠢話。請給我一些指示。如果讓我試著自己來，我會搞砸的。」

話語就像一把刀，正確使用的時候是十分稱手的工具，但卻很容易被誤用，而誤用的結果很可能是致命的。當你在禱告，就是在請求神幫助你從刀柄拿起這把刀。如果你沒有與神聖溝通的通暢管道，很可能會從刀刃把刀拿起來而割傷手；更糟的是，你可能會用它傷害別人。禱告是請求幫助，讓你能明智地使用神所給予的工具。你會說：「主啊，我知道語言是一種工具，但我並不總是能夠信任自己使用的方式。如果我以自己的方式使用它，一定會傷人。我需要祢的幫忙。」而在你死了以後，神會告訴你：「你用我給你的工具做了什麼？我給了你一個很棒的工具，你可以用它來建造一座城市或一個世界。你只需要問我怎麼使用它。但你沒問。」

禱告就是你詢問的方式。如果你從禱告開始，就一定能夠正確地從刀柄而非刀刃處握住刀子。就是這麼簡單。

拉開神祕生活的序幕

在多年以前，我絕對不會考慮寫關於禱告的書。長久以來，我一直都認為（或許你也這麼認為）一個人靈修或者不靈修，是屬於他個人的事情。我相信我的靈性生活，我的靈魂生活，是我私生活、而非職業生活的一部分。在我三十五年擔任直覺診斷師（medical intuitive）和教師的職業生涯中，都一直信奉著這個信條。在那些年裡，我把重點放在識別疾病、為人類能量系統建立樣板，最終還研究了人格原型模式的力量與影響。我很樂意把靈魂的問題擱置一旁。

在我職業生涯的那些年裡，我對於誰相信或不相信什麼不感興趣。建立人與神聖的連結，以及人與他們自身靈魂的連結，不屬於我的工作範圍。我的工作是教導學生能量解剖學，引導他們運用直覺，以及發覺他們的神聖原型。我對於心靈與身體的議題很感興趣，但並不認為這是我應該談論靈魂的地方。

大約在十五年前，我的靈性之旅意外地跟我的職業生涯撞在了一起。沒有人會準備好面對這些憑空出現的岔路，我也不例外。那次碰撞發生在十月裡一個美好安靜、近乎完美的午後。我站在自家廚房裡，正想著我的感覺是多麼美好，我是多麼真心喜愛我的生活。我就像一個從迴轉台上不停拿取美食的人，每吃一樣，就讓我的幸福與滿足感又增加一點點。我還能再更幸福或更滿足嗎？我猜想著。

突然間，出現了天外飛來一筆的想法，跟我正在想的事情八竿子打不著。我聽見了一個內在的聲音對我說：「你沒有過著禱告的生活。」

「什麼？」我大喊了一聲，就好像有人剛剛在廚房裡問了我一個問題。

我再次聽見這個輕聲細語：「你沒有過著禱告的生活。」

然後（你必須想像一下這樣的場景），我真的開始大聲說話了。對誰說呢？我不知道。但是我覺得我必須為自己辯護，證明我對禱告生活缺乏關注的正當性。

我說：「喂喂，我教的是靈性學耶，還有我一直在研究神聖文學。而且，嘿，我還做了這麼多醫療直覺解讀耶。」

然後我停了下來。我在幹嘛？我在跟誰說話？

一種恐懼襲上心頭。我僵直地站著，說不出話來，大氣也不敢喘一個。我想告訴自己，我剛剛只是想像出了那個微小的神祕經驗，如此一來，我就不必承認那則訊息的重要性。遺憾的是，我已經收到了訊息。那則訊息不只是關於禱告而已；那個內在的聲音在我心裡殘留了神聖的痕跡。在神祕的一瞬間，那樣的存在傳達了一種熟悉感、目的感與親密的示警。那種存在散發出一種力量，是我從未在自己身上感受到的。

我在腦海中一遍又一遍回放那個時刻。隨著日子一天天過去，我當下直接的恐懼反應逐漸被無邊無際的敬畏感所取代。我開始認真思考，在某種程度上，出於某種原因，我的生活需要禱告。不僅如此，我還需要被告知這件事。這種想法讓我大為震驚。是誰對我們每個人這麼關心？我們怎麼可能被這麼小心翼翼地關注著？另一方面，一個人也無法不反過來想，其他人怎麼可能在意外或謀殺發生之前沒有收到這樣的指引呢？你怎麼能對這些合乎邏輯的問題不感到好奇呢？然而，在涉及與神祕相關的事情時，這些問題並沒有合乎邏輯的答案——完全沒有。這些經驗就是那個樣子。神祕經驗的用意並不在於修正世界上發生的壞事，也不在於解釋痛苦的事情為什麼會發生。神祕經驗是由靈魂導向及驅動的，不參與或依附在塵世生活的烏煙瘴氣中。神祕經驗是超然的。這些經驗改變了我們，而我們反過來改變了生命。

我知道，我的整個生命就因為那次微小的神祕經驗而改變了。我必然會開始更深刻的禱告生活，但我並非只是因為每天需要多花十分鐘禱告而收到這個訊息。我被召喚到一條全新的道路上。我無法掌握確切的細節，只是毫無疑問地知道，我人生的指南針已經轉向了。我注定要去探索靈魂的領地，而這需要禱告生活。就是這樣。

導引恩典（Channeling Grace）

從那時開始，我的內在習慣開始轉變。我需要更多的時間獨處。我逐漸失去教授人格原型與神聖契約的熱情，這些是我過去將近十五年來一直熱愛並持續教授的主題。在工作坊中，我從觀察學生們的人格模式（像是受傷的孩子或拯救者的原型），轉變成注意到教室裡的誰看起來最脆弱。我開始打探，詢問學生們有什麼感覺，他們的內在生活是什麼樣子。我無法不在意我是多麼真誠地關心他們的反應。

從那之後，我花費了十五年的生命，致力於深化我對於當代神祕意識、靈魂及靈魂表達的理解。我把注意力轉向了講授偉大的神祕主義者：天主教的聖十字若望（St. John of the Cross）、聖依納爵・羅耀拉（Ignatius of Loyola）與聖女大德蘭（Teresa of Ávila），以及東方傳統中的神祕文學家魯米（Rumi）與紀伯倫（Khalil Gibran）。其中聖女大德蘭特別引起了我的注意。就在我正在講台上教學時，她簡單的命令：「我的女兒，跟隨我」打斷了我的思緒。我跟隨了她，並且把探索她的教義當成了我下一本書《進入城堡》（*Entering The Castle*）的主題。[3]

俗語說，當學生準備好，老師就會出現。對我而言，聖女大德蘭就是如此，正如你將看到的，她的影響呈現在我的禱告中，以及這本書的內容裡。但事實證明，反過來也為真：當老師準備好時，學生就會出現。我的學生就是如此。我開始舉辦關於療癒、靈性與神祕主義的工作坊——所有關於靈魂、而不僅僅是關於靈性的主題。課堂上立刻擠滿了所有面臨各種痛苦的人，從癌症末期、慢性身體疼痛到憂鬱症都有。我本應該感到格格不入，但我絲毫沒有感到手足無措。相反的，我有個一直都存在的想法，一個從恩典迸出的火花，那就是我所扮演的角色是教導與靈魂有關的事情，而天堂的角色則是療癒。我真的瞭然於心。

從那個時候開始，我遇見了無數的人，這些人都遇到了深切的靈魂危機，卻沒有獲得如何應對的指導。你可能也想知道，自己是否曾經（或者正在）遭遇類似的危機。你來對地方了。一旦我把注意力轉向所有跟靈魂有關的事物，多年來在我心中翻攪的許多謎團都找到了解答。我發現，靈魂的問題不能透過能量治療或人格原型來解決，而必須在靈魂層面上解決。正如身體上的疾病可能需要用藥物來治療，靈魂的危機也需要屬於靈魂的藥物。而這種藥物就是恩典，透過禱告，與神聖建立親密的個人連結。

或許，管理一切自然事物的同樣法則，很明顯地也管理著我們的生理構造。但你是否意識

---

3 譯註：這本書的書名來自於聖女大德蘭的著作《聖女大德蘭的靈心城堡》（*Interior Castle*，星火文化，2018年）

到，在靈魂的層面上，這些同樣的法則就是神祕的法則呢？神就是法則。法則無關乎宗教。法則是一致的。法則與秩序是神聖本質的普世體現——是非個人的、系統性的、整體性的，而且內建於所有生命系統之中，從自然世界到你的靈魂本質，無一不包含其中。

這就是禱告發揮作用的地方。在這方面，禱告成為絕對的要求。由於與神聖的矛盾本質相仿，這個遼闊且充滿生機的神聖宇宙與我們也非常親密，因為我們每個人都居住在神的本質中。而這個非個人的宇宙系統和我們每個人之間的橋樑，就是禱告。禱告是我們跟宇宙溝通的方式，是我們讓自己在浩瀚的太空中被認識與聽見的方法。禱告也是我們反過來獲得指引的方式。禱告是我們溝通的渠道（channel），是靈魂與神聖之間的直播熱線。我們就是為這種神聖的親密關係而被建構出來的——也是為了神聖所創造的敬畏、信仰與啟示。

敬畏的經驗，也就是相信存在有比我們自己更偉大的東西，並且以某種形式涉入人類的這種體驗中，是我們基本性質中的一個恆量，對於我們的幸福感就跟食物和水一樣重要。敬畏的經驗可以啟發我們「死而復生」，從憂鬱與絕望的黑暗中掙脫出來。這就是健康與療癒背後的隱藏力量，是每一個可見奇蹟的起源。同樣地，信仰、希望、信任、內在忠告、忍耐、堅毅，以及其他眾多美德的恩典，都能撫慰我們的靈魂，是其他任何力量都無法比擬的。

然而，我們正處在信仰的危機之中。我們已經變得跟自己的靈魂疏遠，不再相信任何我們看不見的東西。我們無法在這樣缺乏靈魂的生活中生存下去。看看這些後果；看看我們創造出了什麼。我們分裂了原子；突然之間，我們只需要按一個鈕，就可以殺死數百萬個人類同胞。想想我們賦予自己的力量。我們正在被氣候變遷活活燒死，而我們卻認定或許這世上沒有神！

在這個時代，我們如果沒有覺醒內在生活，就會付出嚴重的代價。我對此深信不疑。我們需要學習經常直接與神親密對話。我們不能再向神禱告；我們必須跟神一起禱告，而且必須大家一起，為彼此禱告。這本書集結了我的個人禱詞，等同於禱告日誌，是我對於此一努力的貢獻。我希望透過這些禱詞，你會了解禱告在重新連結你（以及我們）與我們的靈魂、敬畏及神聖恩典上所扮演的角色。我希望這本書能啟發你，讓你把直接跟宇宙之神對話的練習當成靈性生活的核心。讓禱告回到它所屬的地方：我們世界的正中心。

如何使用本書

我從沒想過要跟世界分享這些親密的禱詞。然而隨著我過去十年間教學重心的轉變，我意識到，有許多學生在禱告上完全摸不著頭緒。他們不了解禱告的重要性，也不明白禱告仍然扮演著關鍵的角色。因此，我開始在每堂課結束時頌讀我的禱詞。毫無懸念地，學生會在休息時間來找我，問我在哪裡可以拿到這些禱詞來參考。這些只是我自己個人的對話啊！我想著。為什麼會有人想要？但實在太多人太常來問我了，最後我妥協了。所以這就是你在接下來的內容中會看到的：我與神一對一的親密對話。

我的禱告形式可能會讓某些人覺得很基本：直接跟神交談。我一直都是這樣做的。我從沒想過我的禱告不會被聽見，儘管我知道這些禱詞讀起來就像是我在自言自語一樣。但其實並非如此。我將我的禱告方式視為一種人神靈交的對話形式，一種內在的交談，在其中我能確切地分享我在想什麼、我遇到了什麼困難。一如既往，答案總是很快地浮現。有時候，答案會來得遲一些，一直到我寫下來的時候才會冒出來。有時候，答案是天外飛來一筆的想法。這就像是寄一封電子郵件給我最信任的筆友一樣；我知道我會收到答覆。我活在對上天運作方式的完全信任之中，而且從未失望過。

除非透過直接體驗，否則沒有人能夠真正深刻理解禱告的力量。然而，我意識到，有一張地圖參考會很有用，這就是我寫這本書的動機。透過分享我自身的親密禱詞、我與神的對話，我希望能讓你接收到我一直以來對於禱告的認識。首先，禱告不需要很正式。這是一種親密的交流類型，就像跟朋友聊天一樣簡單。其次，禱告開啟了你與神聖之間、你個人靈魂與非個人神聖宇宙之間的管道（channel）。透過這個管道，恩典得以流通（flow）。最後，你不需要了解禱告是怎麼作用的，只需要知道它的確有用就好。事實上，放下對於了解的需求，是重拾你神聖敬畏感過程中的一部分。這種神聖敬畏感，來自於你對於某種偉大事物的信仰，而這種偉大的事物，超出了你頭腦所能理解的範疇。

你將會看到，每篇禱詞都召喚了我在那一天所需要的恩典。為了有助於說明每篇禱詞的意圖，我在每篇禱詞後都有附上「指引」或教學，探索該篇對話的主題，以及其意圖召喚的恩典。我還附上了對於所提到恩典的直接祈求，如果你找到了自己的禱告方式時可以使用。

如果你已經知道目前自己靈魂需要哪個恩典的話，就可以翻到三四四頁的索引，找出直接談到那個恩典的禱詞。或者你也可以把這本書當成某種指南，憑直覺翻到特定一頁，並分享你在其中找到的恩典。

關於宗教的一點說明

你會注意到，我用「主」來稱呼神。這是我從小受到天主教教育遺留下來的影響。有些東西會深植在我們的靈性DNA之中。不過我已經不再執著於任何看起來像「我們」的神聖形象了。我的理解是，神透過自然的宇宙法則與秩序來表達「祂自己」——不論是在我們週遭，還是在我們心裡。當有人告訴我他不信神，我通常會想，我也不信在他們腦袋裡那個樣子的神。然而那些形象和概念都不是神，僅僅是不好的經驗和過時神話留下的疤痕組織，以及其他亂七八糟的東西。我們的社會有著不幸福的婚姻和離婚的歷史，不是嗎？我遇過的大多數人都帶著童年的創傷，這些創傷是不幸婚姻的產物，包括了亂倫、家暴、不倫與虐待。但是我們會因為人類在婚姻中所犯的罪，就放棄對浪漫愛情的追求嗎？幾乎不會。我們無法阻止自己尋找愛，因為我們是為愛而生的。我們渴望愛。

而我們也渴望神聖，即使人類對於宗教組織一直都管理不善。但就像我們不能把嬰兒隨著洗澡水一起倒掉，我們也不能因為人類犯了錯就犧牲掉對於無形事物的信仰。我們需要恩典。我們不能沒有它。我們需要接觸神聖的事物。我們需要知道，有一種遠大於我們個人的力量在主宰。我們需要它來生存、繁衍和延續。這是必不可少的。

如果我可以透過這本書跟你溝通一件事，那就是我們跟神聖溝通的管道跟宗教是無關的。上天不是像宗教一樣的正式組織。請把所有的形式都拋諸腦後，也別讓人類藉宗教之名所做的惡行劣跡，阻擋你用神聖的恩典滋養自己的道路。在你的禱告中，選擇一種親密的方式來稱呼神聖吧，一種你可以接受的方式，然後開始禱告。如果有什麼是我知道的，那就是所有的禱告都會被聽見，上天總會回應的。

正如聖女大德蘭所觀察到的，內心的城堡只能透過禱告進入。討論你認為神是什麼或不是什麼，就像空口說白話不能讓你到達歐洲一樣。你必須做出決定，投下資金來買機票。沒有投資，就無法成行。同樣的，要接觸靈魂，就需要實際投入，與神聖直接對話。這種實踐要求你打開自己與令人敬畏的神聖宇宙之間的通道，並允許恩典進入其中。

這就是為什麼我們重新讓自己尋回與神親密交談的能力是如此迫切。我希望，不論用任何方式，最終你會運用這些禱詞來實現這個目標。禱告會重新將你的靈魂與神聖宇宙連結在一起，而這種連結是非常個人的。有些學生每晚都閱讀我的禱詞，認真思考要如何將我的話連結到他們自己的生活上。有些學生則會用我的禱告方式來傳遞他們自己的訊息，用他們自己的措辭與神聖進行日常對話。我不在乎你怎麼用這些禱詞，只在乎你有沒有去做。因為我們從來沒有像今時今日那麼需要神聖語言所傳達的恩典。這對你個人的幸福非常重要，而且我敢說，這關乎我們整個物種生存的問題。禱告是生存的要素，是靈魂的食物，也是神祕生活的必要實踐。

我希望這本書能夠幫助你再次學會禱告。我們需要神聖語言在我們的腦中、心中與靈魂裡活躍起來。我們需要信心、希望和信任讓我們充滿恩典，帶領我們度過人生的風暴。最重要的是，我們需要知道我們對生命很重要，我們的生命是項神聖的禮物，而且神認識我們，叫得出我們每個人的名字。在我們禱告的時候，確實會有一道光照耀在我們身上——我們所說的每一個禱告都會被聽見與回應。每一個都會。

一百篇禱詞

接下來的篇幅包含了一百篇我的個人禱詞。

我的許多學生都按照原樣來使用，閱讀並思考其中的涵義。

但說實話，我的目的是啟發你進行自己的禱告實踐。

當代的禱告是與神聖的對話，是恩典進入你生活與我們世界中的渠道。

這裡的每一篇禱詞都展示了用以哺育人類靈魂不同類型的恩典。

因此，在每篇禱詞後，我都會附上指引的說明文字及對於恩典的祈求。

1 主啊，祢會怎樣來到我身邊？

禱詞

主啊，祢會怎樣來到我身邊？我怎麼知道那是祢？我要怎麼認出祢來？

我知道祢會來找我。祢會潛入我的生命存在——或許是在夜半我入眠的時候。也許祢會在我沒有找祢的時候來到我身邊——當我心煩意亂，凝視著即將來臨的風暴，擔憂著我的永生不滅。

或者，也許祢會在我不費吹灰之力就脫口而出一個小謊的時候來到我身邊。祢會讓我知道祢在聽，跟著我一起聽著自己說假話，自然地就像說出現在幾點鐘一樣容易。我告訴自己，撒個小謊無傷大雅，微不足道。但我怎麼知道什麼是重要的？我要怎麼分辨哪些事情對我的生活微不足道？假如我正在接受測試或觀察的話，該怎麼辦？有沒有可能我在多年前已經讓一部分的良心變得麻木了，而現在祢正在喚醒它？

也許，這就是祢來到我身邊的方式。有一天，當我因為病痛、恐懼或孤獨而感到虛弱時，祢會把我的良心從休眠狀態中喚醒，就像喚醒沉睡的巨龍一樣。而我將會被迫面對的事實是，我害怕祢的眾多表達方式；其中最害怕的，就是真理之光。我害怕真理。祢就是真理本身，而在我每一次注視另一個人的眼睛時，都能感覺到那股力量像是地震一樣在我的存在中隆隆作響。透過靈魂的門戶與另一個人互相交換的一句真話，足以使兩個人永遠連結在一起，形成一種神聖的結盟。難怪我們會害怕真理，卻不得不在每一次呼吸中尋求它。

我們敬畏祢，但卻無法停止追尋祢。或許祢存在於某些真理之中，而我必須靠著這些真理來度過大災難。祢會讓我變得需要祢，讓我來追尋祢。祢會讓我卸下表面的偽裝，就像蛇褪去舊的外皮一樣。我的幻想、我的缺陷都將暴露無遺，就像準備好要被切開排膿的癤子一樣。而當我的心支離破碎，虛弱到無法自欺欺人的時候，祢將會在此——在我呼求之前，就已復活我的靈魂。

指引

事實就是，我們每個人都渴望某種跡象，顯示上天正在照看、觀察與監督我們的生命旅程。我們會在生命事件的細微之處尋找神存在的蛛絲馬跡，就像我們會在我們所做的一切中尋找意義和目的。雖然我們偶爾可能會否認自己在尋找神，而是說我們在尋找意義和目的，但我們還是得承認，如果我們的生命不是來自於神聖的源頭，所帶來的空虛將會讓我們無法忍受。因此，我們想知道，神聖會如何、在什麼時候、用什麼方式進入我們的生命之中。我們對這樣的造訪感到害怕的程度，就跟我們尋求它的渴求程度相仿——因為在我們靈魂深處，我們知道，一次神聖的邂逅是不可避免的。

恩典

主啊，請賜給我信仰的恩典——相信祢存在於我的生命之中，以及相信祢的力量。在這個安靜的時刻，我向祢承認，要做到對於生命中所有發生的事抱持著信仰是非常非常困難的。我拚了命想知道，要如何在黑夜中跟隨微弱的燭光——特別是當我處於一片混亂之時。然而，我已經明白，混亂是祢創造奇蹟的氛圍，藉著混亂把製造奇蹟的材料混合在一起。主啊，當信仰存在於我心，我就會處於奇蹟之中。

主啊，請用信仰的恩典護持我，特別是在我的靈魂無法觸及信仰的力量之時。

2 慈悲的行為從不孤單

禱詞

慈悲的行為從不孤單，也沒有一種舉措不會造成影響，主啊，我說的對嗎？我們為別人所做的一切，不論是對於對方或者我們自己，都會產生無限的後果。遠古以前爆炸的恆星所產生的光，可以在天體領域被看見，散布四方，沒有什麼可以阻擋它的前進。我相信那就是我們神聖之光的本質。

我們永遠都在旅行，即使在我們有形的實體耗盡能量而崩解之後，我們的光仍會繼續前行。我們的光會閃現在我們所做的每一個選擇、我們所擁有的每一個想法，以及我們所分享的每一份愛的禮物。我們是生命的火花，點燃了永恆的火焰，並且能重新點燃另一個人一度消沉的生命，讓他重新去愛、去嘗試，或者從跌倒中站起來，再踏出另一步。火花從不嫌小。

主啊，當我把這個印象持續放在腦中時，我的靈魂充滿了敬畏。我們可以如此輕易地為這麼多人做這麼多事。只需要花一點點力氣，就能夠從內心裡產生出光的火花，而它將會永遠存在於另一個人的靈魂之中，驅散眾多黑暗。祢設計的這個宇宙，偏好於光的力量——我對此深信不疑。

指引

我們很容易就感到無能為力，或者很容易用東西、青春及金錢這些物質世界顯而易見的實體物質來衡量力量。佛陀中肯地指出，這些都是幻象。這些物質除了透過我們對於它們的渴望所賦予的力量之外，沒有任何其他的力量。而這些渴望會以我們真正的力量為代價——我們的靈魂，我們的光。再多的東西都無法轉變成一個慈悲的行為；但出於同情所做的一個選擇，卻可以引導出數不盡的東西，來滿足眾多需求。所以哪個具有比較大的力量呢？首先是選擇，也就是靈魂的力量。選擇引導了我們的光，而慈悲的選擇則是一切選擇中，最需要勇氣的一種。

恩典

主啊，祈求慈悲的恩典常駐我心，從來都不是件容易的事。慈悲是我寧願接受，也不願做為載具的恩典，因為我可能會被要求做一些不是我真正願意做的事情。這種恩典會產生我沒有預期的心理後果。然而，如果我願意接受慈悲，就必須有足夠的勇氣，讓慈悲透過我傳給他人。

主啊，請賜給我慈悲的恩典，以及憑藉著那恩典的授權而採取行動的勇氣。我知道，這不是靜默的恩典，而是種行動的恩典，不會允許我在面對人類苦難時按兵不動。但假如我希望被其他人慈悲地對待，就必須敞開心扉，善待他人。我不能活在對於這種恩典力量的恐懼之中。

3 禱告吧，求將有所得

禱詞

我把這一天的時間，花在了深刻反思我生命中與神聖的親密關係，以及必要的個人諮詢。在禱告中，我鬆開了握緊生命方向盤的雙手，請求神聖來接手。我可以感覺到，有什麼正在指引我去做某些事情、看清楚某些事情——但究竟是什麼在指引我呢？

最終，我說出了強而有力的禱告：「請接手掌管。我看不到自己的路。」無論我生命中需要釋放什麼、無論需要發生什麼，我都不會回頭看，只會繼續往前走。就在幾個小時內，一件看似很小的事情發生了。然後逐漸升級。到了早晨，已經演變成一件令人心碎的事。答案業已到來。我的生活發生了翻天覆地的變化——就像這樣。我一直走在同一條路上，計畫著單一的未來，而現在，我卻走上了另一條路，計畫著不一樣的未來。就像這樣。

因為習慣、因為靈性的引力，我退回了自己內心城堡的寂靜之中。上天的回應、速度，以及神聖的親密感讓我無法呼吸。我很困惑——為什麼一開始要讓我走向另一個方向呢？如今我的人生有一部分都打水漂了。我曾經請求過明示。我曾經請求上天掌管我的人生。現在，我必須把所有的後果都集結起來。在我的內心城堡裡，我感受到心碎。然後——就像這樣——上天為我送來了解藥。摯友的安慰蜂擁而來。我讓這份愛充盈我心，就像敷在傷口上的藥膏一樣。我感覺自己在神祕的寂靜中陷得更深了。

現在，我只是個見證人，見證了我自己心的兩面——一面支離破碎，一面則吸收了愛。我記得那個關於兩隻狼在黑暗寒冷洞穴中的神話[4]，一隻帶著痛苦緩步前行，另一隻則因愛而平靜。穴居人必須選擇一隻來代表生活剛剛帶給他傷害的後果。哪一隻能夠把受傷的人帶出洞穴——痛苦之狼還是慈愛之狼？在過去，我選擇了痛苦。我看著那隻狼代表我離開了洞穴。我想要讓那隻狼攻擊這個世界，因為它傷害了我。我不需要對這些攻擊負責——畢竟，誰能控制得了狼？但結果卻出乎我的想像。那隻狼只咬我——一次又一次地啃咬著我。

如今，我變聰明了，會選擇帶著愛的狼。我觀想著一條絲線正在黑暗的洞穴中修補我的心，並且小心翼翼地不讓它完全封閉起來。我只是把它修補到剛剛好止住血而已。我的心裡充滿了敬畏與感激之情——我站在廚房裡的無聲默禱，竟然會以這樣的速度被聽見。耳語也能上達天聽。我在自己的洞穴中安靜地待了很久，療癒了心碎的那一面。然後，我感覺到自己濃厚的生物本性再次崛起，在我無邊無際的內心中重新找到自己的位置，將這個內在的洞穴轉變成燦爛的內心城堡。我感受到它的光芒與生命力，蔓延到我存在的每一個細胞之中，激發每一種感官。我原本以為會擁有的生活成了瓦礫，已經消失在視野裡，但我可以感覺到根本的自我從裡面崛起。我可以

4 譯註：兩隻狼的神話流傳於北美原住民切羅基人（Cherokee）的部落中。（參考資料：柳根瑢著，《一日一行動的奇蹟：我這樣化習慣為複利，9個月購置新屋，一年讀完520本書》，方智，2021年）

完全感受到完整的自我：這就是我此生的模樣。認識你自己[5]，你就會認識宇宙。主啊，我向你臣服，臣服於祢在我生命中親密無間的存在。

指引

我們常常想知道，禱告會怎樣被回應？需要多久的時間才會得到回應？還有我們的禱告究竟會不會被回應呢？我們尋求徵兆和證據，通常是想找出地球以我們希望的方式在運行的跡象。當眼前的一切看起來似乎沒有任何改變，甚至變得更糟，發生意料之外的事件，我們要麼會質疑上天的智慧，要麼會告訴自己，禱告是沒有用的。但無論如何，禱告其實立刻就得到回應了。我們不了解這對上天而言是舉手之勞。回應禱告的事件可能會如災禍一般突然襲擊我們。上天下的是一盤大棋。儘管這很難理解，但我們的幸福並非神聖的優先考量。即使神聖對我們極有興趣，但神聖領域的價值系統重點在於帶我們進入一種有意識的平衡健康狀態，以及對自身行為和選擇在素質上的覺察。幸福是這些靈魂特質的最終產物。

恩典

把生命交付給上天的力量，需要信任的恩典。「請接手掌管。我看不到自己的路。」簡單的一句話，就是最強而有力的禱告。

---

5 譯註：原文使用Know thyself，相傳是刻在古希臘德爾菲（Delphi）阿波羅神殿的三句箴言之一，也是其中最有名的一句。

主啊，請賜給我信任的恩典，讓我相信祢以及我自己的靈魂——祢對我說話的管道。事實是，我真心相信祢會回應我的禱告。是我無法聽從並遵循祢的指引行動。

4 讓我保持謙卑

禱詞

主啊，讓我保持謙卑。讓我時刻謹記，我並非這個宇宙的中心。我不是太陽，而這些行星也不會圍繞著我轉。沒有人生來是要為我服務的，生命也不欠我什麼。生命怎麼可能欠任何人什麼呢？然而，這個星球住滿了人類，這些人相信，生命欠他們一些特別的東西。我想知道，真的有什麼人或什麼東西，是生命的力量理應給予他們好處的嗎？是你嗎？我們怎麼會變得相信生命欠了我們一些東西？

我曾目睹過很多人的痛苦，他們將自己寶貴的生命力都花在追討債務上——而且很少獲得勝利。傲慢是種毒藥，而我太常感覺到這種毒藥在我的血液中流淌。我體驗過傲慢所點燃的心火，每一種都是破壞性的。最終，我學到的是，對於我自己所擁有的一切懷著感激之情，遠比沉溺於我認為自己應該擁有的一切，或者緬懷我被奪走的一切要好得多。

然而，即使知道這個事實，驕傲還是很容易輕易來襲。但我也學到愛可以使驕傲沉寂。當我提醒自己我對於某人或生活中所有美好事物的愛，就能擺脫當下驕傲爆發的泥沼。我不想把精力浪費在自大所創造的幻覺上。人生的旅程太短暫，不值得在早晨奮起後又倒退回過去。主啊，讓我保持謙卑。在放下世界是繞著我轉的幻覺後，將會獲得極大的自由。

指引

要在地球上謙卑地行走並不容易。然而，靈性上最大的矛盾，就在於謙卑是我們最大的保護，但問題的來源卻主要是我們自己。我們的許多痛苦，都是由於個人狂妄自大的行為、害怕被羞辱，以及無法承認自己的失敗所造成的。結果就是，我們不得不試圖去控制那些無法控制的東西：其他人的行為，以及生命中所發生事件的結果。因此，我們永遠不會得到自由。我們深陷於壓力和焦慮中，害怕失去那些我們從一開始就不曾擁有過的控制。謙卑不是缺乏自由，而是當我們放下對他人的批判時所獲得的充裕自由。

恩典

謙卑是種恩典，是種我們很需要的恩典，需要的程度甚至比我們所意識到的還要更高。當你感覺到自大或傲慢的火焰在你心中爆發時，記得祈求謙卑的恩典傾瀉在你心中，撲滅驕傲的火焰。閉上眼睛，告訴自己「謙卑一點」——然後重新投入周圍的世界。

主啊，請賜與我謙卑的恩典。當我的狂妄自大浮上檯面時，請讓我留心自己能夠做什麼；當我想像自己軟弱無力時，請讓我注意到我會對他人和自己造成的傷害。

5 主啊，祢在哪裡？

禱詞

主啊，我醒來時腦海和心裡都充斥著走失孩童的影像。我發現這些天我都睡得不好。在聽到今天的新聞播報了虐待兒童的消息之後，我對於能睡在自己的床上感到內疚。我因為內疚、憤怒和懷疑而忿忿不平。主啊，我已經過了會好奇祢在哪裡的年紀，也不會再問「祢怎麼能讓這種事情發生？」這些都是我們所做的事。我們就是這樣的人。

今天早上，當我想到這裡，就擔心自己會陷入絕望。然後，我聽到手機「叮」了一聲，那是有人發電子郵件給我的提示音。有人寄給我一個有過瀕死經驗的人所錄製的簡短演說。我很少留意這類的電子郵件，尤其這個訊息又是來自於陌生人。但我當時感到非常難過和無助，難過到完全沒有力氣從椅子上站起來。所以我就聽了這段話。主啊，我就直接進入正題了……我相信這個暖心且謙遜的男人所說的訊息，他說在他瀕死的經驗中，遇見了耶穌。他被允許向耶穌提出一個問題。於是他問：「所以，生命的目的究竟是什麼？」耶穌告訴他，愛是擁有生命唯一的真正理由：去體驗愛的力量。

主啊，我感覺到那段訊息有某種東西，直接傳遞到我的心裡。令我感到無法承受的，就是沒有愛。這也是一種對於愛的力量的衡量——當我們活在缺乏愛的狀態下所感到的絕望。請賜給我在生活中產生愛的能力。不只是在我被愛著的時候，或者跟我愛的人在一起時，而是為了愛本身——為了愛的力量能夠戰勝人性中最糟糕的本能。

指引

愛是所有人生課題中最難的一個，或許是因為這是我們唯一必須學會的真正課題。我們要麼選擇使用愛，要麼不用；要麼用愛思考，要麼不用；要麼用愛的語言，要麼用相反的語言。其他的一切，都是這些選擇的結果。即使看見了恐怖的事情，重要的是，要祈求自己獲得勇氣與能力，能夠以某種方式用愛去回應。要等到生活或其他人變得完美，才願意打開你的心扉，這不是愛的方式。想像一下有人因為你的衣著、外表或生活方式而決定不愛你。然後用全新的開放心態，去看待陌生人。

恩典

憑藉著愛來行動，需要很大的勇氣。勇氣的恩典有時候會感覺就像是在我們心裡爆炸，遮蔽了我們的理性，鼓動我們用理性思維永遠無法想像的方式來行動。但這就是恩典的本質——一種難以想像的力量，驅使我們以超乎凡人的方式來行動，通常是為了他人多過為了我們自己。

神啊，請賜給我勇氣的恩典，讓我能在愛中行動並用愛行動。我並不總是能夠把勇氣與愛連結在一起。但事實是，需要很大的勇氣，才能夠單單為了愛是人類的最高使命，就成為一個有愛的人。

6 主啊，為什麼會這樣？

禱詞

主啊，就在我認為自己充滿信心、生活中所有的一切都各歸其所的時候，意想不到的事情發生了。在幾秒鐘之內，我的心裡冒出了懷疑。突然間，我質問祢：「怎麼可能發生這種事？」然後滿心期待一個答案。究竟我期待從祢那裡聽到什麼呢？

我一次又一次地回想，在我生命中那些當懷疑掌握了現實方向盤的時刻，就像是天不怕地不怕的青少年危險駕車一樣。我回顧了自己是如何落入恐慌的循環，以及如何花費了許多無眠的夜晚，來祈求一個解釋。我不知道自己已經問過祢多少次：「怎麼可能發生這種事？」但我可以確定地說，祢從未給我一次直接的回應。

然而，我也可以確定地說，祢早就已經回應了。祢的沉默逼著我等待……逼著我觀察……逼著我每次都意識到，我無法主宰所有建構起我生命旅程的無數事件，更別提別人的生命了。我不主宰任何事。祢的沉默讓我能夠觀察到其他人生命中正在發生的變化，而不只有我自己的。這些事情和其他事情怎麼會發生？因為它們必須要發生。改變會去蕪存菁。改變會推動我們前進。改變是生命的本質。

主啊，我知道我還是會一直不斷地陷入恐慌，也會再度問祢一樣的問題。當我這麼做時，請祢提醒我，以前也發生過同樣的情形，而每一次，生活都會繼續下去。我將重生，而幸福總是會再回來。

指引

改變是常態。觀察一下你用了多少創造力，試圖控制你生活中發生的改變，或者防止某些事情發生。明智的選擇，是讓自己準備好面對任何即將到來的改變。我們無法控制外在世界，不論是我們的，或者是任何人的。我們只能夠一次又一次檢視自己內在的回應。佛陀教導我們，對世界的依戀是極大苦難的來源。那是永恆的真理。每一天，我們都會進入一個全新的世界，重新開始我們的人生。

恩典

奇蹟是種引人入勝的恩典。奇蹟會將我們的靈性提升到我們的想像領域之中。在某一刻，我們體驗到生命的完美。我們沉浸在生命可能會是什麼樣子的各種可能性中……要是能這樣就好了。要是能釋放人類靈性的力量去創造就好了——沒有懷疑，也沒有恐懼和貪婪。我們被賦予奇蹟的恩典，因為事實證明，我們所想的一切都是可能的。對於順應上天之力的靈魂而言，一切皆有可能。

主啊，請賜給我奇蹟的恩典。與其害怕改變與未知，請讓我以奇蹟般的感覺來擁抱未知。與其故步自封，害怕最壞的情況發生，請讓奇蹟的恩典開啟我的想像力與感受力。生命循環往復。一切都有終點，但每一次的結束，都意味著一個新的起點。而起點充滿了做出不同選擇、重新啟動、重新開始的機會。主啊，請讓奇蹟的恩典洋溢在我的靈魂與心中，特別是在我感到最脆弱的時刻。

7 哀悼失去的家人

禱詞

主啊，今天有個家人離開了我們，回到了祢身邊。我們會為她的離世而傷痛很久。我本就知道她時日無多。有時候，我看得出她想要解脫。主啊，這並不是因為她身體上的疼痛很劇烈，而是因為她的靈魂想要離開。她自己也知道，但她卻強迫自己的靈魂在塵世多停留一段時間。我們無法放手讓彼此離開。我很難過。

然而，我深深明白，她能夠感受到祢的光在召喚她回家。她跟我提到過。有一次，只有一次，她看見祢的光，對祢說：「還不是時候，拜託祢了。」也許祢讓她多留了幾個星期？或者也許祢想要她看一眼即將要去的地方？我知道她一點也不害怕。她有一種平靜，一種她知道祢將會在那裡等她的了然。我想像著她現在正與祢在一起，就像我們所有人一樣，重新出生，又重新回到天上的家。我想像著綿延不絕的靈魂流入與流出地球。她的離世再次提醒了我，每一個生命都是多麼短暫和珍貴。我很難去理解她的生命已經走到盡頭，但這就是生命消逝的速度。就像這樣。

主啊，我們哀悼傷逝，因為我們無法理解人生匆匆。主啊，請讓我銘記，活著就是一份禮物——一份珍貴的禮物，而生命中的任何一天都不會再重來。

指引

每一次失去所愛之人，我們就重新認識到愛、善意和慈悲的價值。我們什麼都帶不走，完完全全地帶不走。再多的東西都無法將我們的生命延長一天。在生命的最後階段，我們回想起愛，而正是愛帶領著我們度過服喪的歲月。不要將你的精力浪費一絲一毫在自負或憤怒上。這些黑暗的能量將造成深深的遺憾。不要在上面浪費時間。做一個有愛的人。

恩典

忍耐的恩典激發了我們的應對能力。有時候，單靠意志力是不夠的。我們需要依靠神聖的資源。然後我們就能撐過難以想像的挑戰與內心的煎熬。沒有任何禱告可以趕走我們必須忍受的挑戰。沒有任何禱告可以立刻讓生活中的一切變得公平或公正。生命是個過大的劇場。因果永遠有理由來解釋事情為什麼會這樣發生。我們必須要能夠忍受我們正在經歷的這一刻、這一天，甚至這一生。

主啊，請賜給我忍耐的恩典。讓這個恩典伴隨著我的每個呼吸，即使是在我走過艱難的時刻也不例外。提醒我沒有什麼是永恆的，即使是生命中最艱難的旅程也是如此。

8 就一天，選擇擺脫負面的想法

禱詞

主啊，我們很容易對人和計畫的結果感到失望，不費吹灰之力就能成為很愛批評的人。為什麼會這樣？為什麼很容易就會變成一個負能量的人？人們經常告訴我，他們需要理由才能變得正面積極。他們怎麼能無緣無故就感到開心？開心的感覺不會自己出現。

但是，主啊，不知道什麼原因，我注意到我們可以無緣無故就產生負面情緒。我們會突然陷入悲傷或絕望之中。我們已經習慣於一種錯覺，那就是需要先有什麼是完美的，才會有正面情緒。我們需要完美的一天、完美的結果，或者自己看起來很完美，才會有好心情。不完美會造成心中無法浮現正面的感受。但主啊，完美是不可能的。這是個充滿智慧的真理，意味著生命中的一切都同樣地不完美。而這本身就是個完美的真理。

今天，我選擇不用負面的態度來對待任何人或任何事。今天，我會用一切本應如此的鏡頭來觀看我的世界。我會把自己提升到更高一層的神祕真理：所有事情的發生，都不是針對個人的。事件並不是針對某個人的因果或某個人的人生目的專門設計的。今天，我會在每次陷入「這都是針對我」的想法時，提醒自己這個真理。今天，如果有人生我的氣，我會提醒自己，她的怒氣是來自於一段與我無關的歷史，就像我的黑暗情緒具有自己的一段歷史，幾乎跟我每天遇見的人毫無關係。

如果我能活在當下，擺脫掉昨天的悲傷或憤怒，就能夠保持正面的態度。每個新的時刻都充滿純粹且新鮮的力量。主啊，請幫助我進入活在當下的強大體驗之中，幫助我全心全意臨在（present）我自己生活的意識覺察中。那是能處於正能量的途徑，因為臨在只含有正面積極的意義，是種純粹的生命能量（prana）。主啊，請祢在這一天庇護我。讓我永遠銘記，一個正面的選擇，擁有療癒一個人生命的力量。

指引

把今天當作一次實驗，來觀察你自己的行為與習慣。我們很少觀察自己對他人反應的速度，或者負面態度有多快會佔據我們的思緒。我們透過局外人的角度觀察自己，來了解我們自己。你可以問問自己：「我為什麼說了那些話？我對於那個人真正的心結是什麼？為什麼我給了負面的評價？為什麼我要批評這個狀況呢？」最終，這些問題都會指向同一個答案：我們害怕不一樣的東西會改變生活的秩序。我們寧願讓不安全感來指引我們，而非真理。今天，你可以從自己身上觀察到這一點。

恩典

檢視自己的行為、想法和信念，需要大量的決心恩典。這種內在的追尋，就是聖女大德蘭所謂「自我認知的探索」。對她而言，那就是完美之路，通往你內心的城堡、你靈魂的途徑。追求你自己內心的真理，是人生唯一的真正追尋。當你決定探究自己是誰，以及神想要你做什麼的時候，你的人生就會改變。其他的一切，都是怨天尤人——誰做的、除此之外還有什麼，或者這件事為什麼會發生在我身上？

主啊，請賜給我保持正面思考的決心，即使是像今天這種日子裡。我不會認為需要很努力才能享受生活。但我越來越理解，這是種選擇，而且需要下很大的決心，才不會落入負面想法、自憐或其他黑暗的念頭裡。我們很容易就向黑暗低頭。我們只需要放棄，就會落入黑暗之中。

9 擁抱內在的靜謐

禱詞

主啊，我把這一天的時間都奉獻給內在的靜謐。即使靜默也是種指引。我花了很多年的時間，才學會欣賞隱藏在靜默中的訊息。

我現在選擇成為一個不需要從祢或親友不斷獲得指示、回饋與肯定的人。我曾經希望獲得那一類的指引，也一直等待著，就好像祢是我遠在地球之外的家長。曾經有一度我想要祢是我遠在地球之外的家長，一股強大的力量，能保護我不受自己愚蠢決定的影響。現在我知道，沒有什麼比想像祢看起來或表現得像個巨大的隱形人類更荒謬的想法了。

對於祢究竟是什麼，我只有一點點的概念。祢是一個永恆的祕密，一道有著無數顯化（manifestation）的非人之光。而且，不知道為什麼，我還知道祢細心地留意祢所創造的一切。萬物對祢都很重要。我從觀察自然的完美中得知這個真理。有某個完美的宇宙主宰建構了生命系統。那一定是祢。殘忍並不屬於自然完美的一部分。殘忍是一種缺陷，一種瑕疵。我們可以隨心所欲地融入祢神聖設計的完美之中，隨著生命循環而移動，並隨著祢安排的這些循環讓生與死、日出日落一次又一次地發生；或者，我們也可以選擇脫離生命與苦難的既定模式。我可以在餘生中從這個真理獲得安慰。

主啊，那不是個靜默的想法或靜默的真理。那個真理是純粹的天界仙樂……萬物都很重要。萬物都是神聖且有意義的。萬物都受到自然秩序的規範，遵從祢的秩序。祢的本質就藏在自然本身之中。我進入這個想法就像進入一道密門。生命變得生動起來。我想像萬物都對我報以微笑，彷彿它們可以從我臉上的敬畏神情，看出我已經找到了神把這個宇宙連結在一起的絲線。這條神之線貫穿我們所有人，就像串珠一樣。主啊，我們人類計算生命的方式一定會把祢逗樂的！今天，我將沉浸於天堂的靜謐之中，清楚知道我有天使與聖人，還有祢，陪著我一起。

指引

我們都受到自然法則的規範。平衡法則、因果法則與對立法則將它們的權威發揮在我們所有的選擇上。它們共同創造的傑作，存在於我們每一次的呼吸之中，也存在於我們採取的每一次行動裡。我們的行為無法跟生命的整體區隔開來。因此，在靜謐中靜下心來，觀察自己內在的平衡感。留意你在什麼時候、是怎麼樣失去這種平衡的，哪些選擇能幫助你維持這種平衡，以及那些行為和想法會破壞它。內在的平衡是你生命力源流的核心吸引力。

恩典

臣服是神聖的其中一項偉大恩典。我們在臣服時，並不是放棄。完全不是。臣服是一種承認的舉措，承認宇宙秩序的存在。我們將自己的力量交付給神，作為終極信任的表現，有意識地把我們靈魂的力量融入宇宙的秩序之中。我們有意識地踏入生命之流，以及流經我們靈魂的指引與恩典的意識流。臣服是種覺醒的行動。

主啊，請賜給我理解臣服這項恩典真正意義的能力，讓我有一天能夠在禱告中說出「我用自己所有的一切臣服於祢」——而且是真心誠意地說。

10 我與眾生一起呼吸

禱詞

主啊，今天我的禱告是「我與眾生一起呼吸」。我會牢記一個神祕的真理，那就是我與一切有感情的生物一起分享創造的氣息。我開始了解共同創造的法則。漸漸地，我發現自己所做的每個選擇，都會啟動光明或黑暗。

在這宇宙中，我並非孤身一人，儘管有時候我會感覺孤單。我的想法和情緒都屬於每個人。不知道為什麼，眾生的能量以某種方式穿過我，就像風穿過一片花海。我們都共同分享這個地球，也參與了每件事情的發生。沒有比認為我們跟創造和毀滅毫不相干、相安無事或完全免疫更荒謬的事了。存在於單一個體中的，也就會存在於整體之中。

主啊，我在想，為什麼我們會排斥這個神聖的真理？為什麼我們不願意成為眾生之一？主啊，如果我能看得明白，就會看見我的能量無所不在。我把帶有自身能量的數百萬個微小粒子，留在我曾造訪過的每個國家、每個城市、每個城鎮和每個居所之中，就像宇宙塵屑一樣，更不用說每條我走過的街道了。其他所有的人也都是如此。我們一直都是融合在一起的，編織成一張偉大生命力的網。

主啊，無怪乎那些偉大的神祕主義者最終都會臣服於祢。他們希望祢主宰這種隨著我們每個呼吸所啟動的巨大創造力。主啊，在今天，我將與眾生一起呼吸。我將謹記我與所有生命合而為一的道理。而所有生命也會與我合而為一。

指引

偉大的靈性大師們強調的神祕真理，就是萬象為一。這個真理無法用智識來捕捉，而要從經驗來體會。我們受邀進入神祕真理的力量之中。這就是所謂的神祕經驗。聖女大德蘭在經歷神祕經驗時，常常看起來就像是一具屍體。當她恢復意識後，修女們會問：「院長，妳剛去了哪裡？」但她無法描述她的靈魂究竟經歷了什麼。為了向修女們解釋她為什麼無法詳細描述自己的經歷，她曾經這麼回應：「我想要帶著腦袋（心智）一起去，但它就是沒辦法成行。」我們無法理解我們與有情的眾生互相連結的神祕真理。我們只能選擇信奉它為真理而生活，然後觀察這種選擇是否會以某種方式逐漸改善我們的生活品質。

恩典

慈悲（compassion）是種恩典，能夠讓非針對個人的大愛流向他人。慈悲會寬廣你的心，緩和你對他人的批評。你常常會因此有想要擁抱他人的渴望，但並非出於一時興起或同情憐憫。相反的，在你心中活躍的，是把我們人類團結起來的更深層次人道主義。

主啊，慈悲是種強大的恩典。它不存在歧視。擁有慈悲心可能會帶來風險，但我們還有其他選擇嗎？假如我用苛刻的批評來看待別人，就應該設身處地想像一下他們的處境——因為我怎麼對人，就是怎麼對自己。因此，主啊，請讓我對慈悲敞開心扉。在我學習與一切有情眾生合而為一時，請不斷地庇護我，給我指引。

11 讓我百折不撓

禱詞

主啊，我驚嘆於大自然的韌性。無論我看向何處，都看見生命的動態劇場。我忍不住猜想，隔著一段距離來看我的生活會是什麼樣子。假如我可以透過一個宇宙的廣角鏡來看自己的生活，會看到什麼呢？我是否能夠理解所有奔向我的生命之流所代表的意義？還有那些避開我，以及那些似乎圍繞者我的生命之流，又代表了什麼？

我猜想，我會觀察到生命之流（也就是生命的連續體）不會因為任何事或任何人而停止。沒有一個人的問題、心痛或怨恨，會重要或特別到能夠停止或改變生命的自然節奏及循環。森林燒成灰燼，然後會長出新的森林。地震重新塑造了地球。地貌不停改變。主啊，除了我們人類以外，沒有任何一種自然的生命形式會哀悼時間流沙中的有機變化。主啊，一次又一次，我們堅定地把腳踏在震動的地面上，下定決心阻止森林大火以及地震的爆發，而忽略了這些災害的任務其實是開闢新天地。因為我們不想改變我們的生活，我們的個人世界。

主啊，有時候我也會想要阻止生命的循環。我不確定這些循環在什麼時候會摧毀我生活的壁壘，或者讓我生命中的某些部分完全終止。我不確定自己是否有像大自然一樣的韌性，能夠一次又一次地重新開始。然而，就在我最需要的那一刻，我體驗到韌性的恩典如洪水般湧入我的骨血之中。就在我感到絕望逼近我心中的能量時，突然間——就在剎那之間，我所能想到的就是：一切都會沒事的。絕望就像脆弱的玻璃一樣破碎了。我很好奇，這樣正面的念頭是怎麼冒出來的，更別提我真的就相信了。不知道為什麼，在那一刻，我不僅相信一切都會好的，而且我就是知道，用我的心與靈魂全心全意地相信著。

對我來說，讓我非常害怕的危機，就在那一刻結束了。我感覺到祢的訊息融進了我心裡：我會沒事的。一切都會沒事的。我知道我必須放棄我想要某種特定結果的想法，讓生命的智慧來接手。不論我需要面對哪些人、處理哪些生活細節，感覺都像是一般的手續流程。試圖控制流入我生命的所有河川，只會讓人精疲力盡，不如成為一個好乘客，嫻熟地在自然的循環中航行。當我們與大自然合而為一時，就能找到通往祢的道路。

指引

每一天，我們都有無數的機會，可以運用韌性的恩典。你需要韌性來決定開始一種新的生活模式，因為有一部分的自己會不願意放棄舊模式，你必須跟那部分的自己角力。你需要韌性，來繼續扶植那個只有你相信的創造性願景。當你被問題壓得喘不過氣來，你需要韌性的恩典，讓你早上有勇氣起床面對一切。生物的有機設計是充滿韌性的：為了生存、適應，以及找到克服困難的方法。我們不會被打敗，因為每個人心中都有一隻浴火鳳凰，召喚我們一次又一次地從挑戰與絕望的灰燼中重新站起來。我們生來就充滿韌性。

恩典

韌性是種強大的恩典，能夠提升我們的自然本能，重新站起來再試一次。它提供我們「一眨眼」的機會，重新用正面積極的鏡頭去構想我們的念頭與態度。這種恩典，就像是在我們心靈的免疫系統消耗殆盡時所獲得的加強注射劑。如此一來，我們就能夠瞬間充滿希望與重新恢復活力，甚至連身體的疼痛也會減輕。

主啊，在一些最脆弱的時刻，我感覺到韌性的恩典注入了我的內心。我知道這種恩典。這就是為什麼我會在生命的此時此刻，請求韌性的恩典進入我的靈魂。我需要感受到上天之手幫助我再次站起來，把我從一切都無法承受的深沉感覺中拯救出來。對於上天而言，沒有什麼是無法承受的。我需要在內心裡把這樣的真理再次點燃。

12 面對驚懼的內在自我

禱詞

今天，我提醒自己關於聖女大德蘭睿智的教誨，就像大多數的日子裡一樣。然而，今天發生的一件事，讓我想起了她對於我們靈魂第三棟宅邸的內部描述。她說，代表我們頑固本性的陰險爬蟲類就住在這裡，在我們身體的中央。這隻住在我們肚子裡的爬蟲類，會努力讓我們維持最狹隘的態度，也就是把我們限縮在迷信的思考方式之中，讓我們一直害怕做出大膽勇敢的決定。

主啊，即使我們察覺到了內在的指引，這些爬蟲類也會阻止我們依照這些指引來行動。我們永遠都能夠感受到祢的指引，尤其是通過我們的直覺。無怪乎肚子[6]是我們的爬蟲類最喜歡棲息的地方。大德蘭說，爬蟲類在夜晚會比我們看得更清楚，所以我們需要讓牠們進入光亮處。我們需要引出我們的爬蟲類，好讓牠們棄械投降。

因此，主啊，我今天的禱告就是呼出我內心恐懼自我的爬蟲類，這個部分的我會以狹隘且侷限的方式來看待世界。恐懼讓我用降低生活品質的方式來思考和行動。主啊，我大部分的恐懼都從未發生過。這些恐懼是真正的爬蟲類：這些想像中的內在生物，會像影子一樣侵入我的思想，

6　譯註：直覺在英文中是gut feeling，gut就是肚子，因此作者會這麼說。

特別是在我最脆弱的時候。但是，主啊，在生活中，我很少真正遭遇那些我所恐懼的事情。我需要堅信這樣的事實，讓事實的力量化解我內心的爬蟲類。

指引

聖女大德蘭曾經說過，一旦爬蟲類（也就是恐懼）進入你的心緒，就得費很大的工夫才能將牠驅逐。我們都有被爬蟲類入侵的經歷。一旦恐懼掌控了我們的思緒，這種恐懼會偽裝成日常對話，甚至以一種合乎邏輯且完整的思維方式呈現出來。爬蟲類是很機靈的。

禱告是種能保護你不被爬蟲類入侵的方式；禱告會在你周圍創造一個恩典的場域。恩典場域的保護性，就像奧妙的順勢療法在城堡周圍建立起的護城河一樣，能夠讓你辨別出另一個人身上的恐懼是什麼。單單靠著這種辨識的舉動，就強大到足以讓你在內心對那個人產生一種區隔。這就好比你拉起自己城堡的吊橋，不讓朋友或陌生人的恐懼進入你的能量場。順帶一提，這種區隔感不需要有意識才能做到。事實上，這通常都是無意識的。

恩典

信任的恩典是靈魂的核心恩典之一。這種恩典有種方法，能夠讓你專注在正面的內在訊息，提醒你總是有很多辦法來度過困境。你可能會突然回想起自己相信直覺來行動的經驗。有時候，回想起自己基於信任而做出的強大選擇，就足以讓你內心的爬蟲類噤聲。

主啊，我這輩子從來都不善於相信別人。而我意識到，我之所以缺乏信任，是因為我不相信自己的直覺。這些內在的直覺最終是種線索，牽引我走向祢，走向祢引導我的聲音。主啊，我需要這條牽引，因為沒有了信任的牽引，我的生活就失去了方向。我需要編織起這條牽引我走向祢的線索，用每一次的選擇一針一線地累積。因此，主啊，請賜給我信任的恩典，讓我依循那微弱的內在聲音來行動；這個聲音一直溫柔地引導著我，即使在混亂最喧囂的時刻，也不曾離開。

13 發現另一個真理

禱詞

主啊，前一陣子我學會即使是最小的真理（雖然實際上沒有小的真理這種東西），都會改變我的整個生命。每天，我都會提醒自己真理的力量。我相信我們都會「因真理而盲目」，因為真理是那樣的強大。每每想到我的生命是多麼脆弱，就讓我感到害怕。但現在，同樣的真理啟發了我。它讓我的內心充滿了渴望，想要給予出現在我生命中的人更多愛，也想對生活中許多微不足道的挑戰少點批判。

主啊，請賜給我勇氣，全面地擁抱真理。我曾經歷過那種痛苦：在真理的力量驅散幻覺時，眼睜睜看著生活一瞬間改變。然而，我從不曾後悔放棄那種幻覺。我需要清晰透明，才能從內在本質（也就是更深層的自我）中昇華。主啊，我需要靠著內在的引導，特別是當我感覺到幻覺正在使我生命中的一部分消散，而這部分在前一秒我還感覺到無比真實。除了祢，我此生還有什麼能夠依循的真理來源呢？

指引

如果我們能看得清，就會認識到生命中的每個時刻都蘊藏了契機，讓我們能夠把某件事情看得或了解得比之前更清楚。當一天看似充滿了困難，讓自己暫停一下，仔細觀察在你面前實際上究竟發生了什麼。幻象正在破滅，而你無法阻止這個過程的發生。

對於那些正在經歷特別艱難時期的人，我的建議是，不要跟挑戰對抗，而是去接受他們無法阻止的一切。在生命中，真理的運行是無關個人的，儘管發生的事件會讓你感到被針對了。但想想看，你是不是常常在自己意識到之前，就被捲入另一個人的生命事件中了？我們是其他人所有生命事件中的參與者，就像其他許多人也是我們生命事件中的參與者一樣。然而，每一個事件、每一段對話，甚至是最強烈的情緒都轉瞬即逝，很快就會被下一刻發生的事所取代，然後又被下一刻取代。連痛苦都不曾停留。

恩典

感恩是種充滿愛的恩典。感恩不只是感謝而已。例如，感恩的恩典會讓人領悟到，愛是為我們而生的。我們會遇見一些人，這些人在我們身上找到某些值得愛的地方。我們沒辦法強迫某個人愛我們，然而他們就是愛我們。沒有愛是因巧合而生的。聖女大德蘭提醒她的修女們，一切都是神賜予的祝福，連愛都是。當困難一如既往地降臨，我們應該要銘記感恩的恩典。當你感到恐懼與黑暗正在向你靠近，別忘了始終要朝著光明前進。

主啊，我應該不用要求感恩。我心中應該滿溢這種恩典，明白即使只有一個人愛我，都該心懷感恩，更別提有那麼多人都愛著我了。有時候，我會感覺到感恩就像傾盆大雨一樣澆灌在我身上。當我有這樣的感受時，總會停下來，猜想是不是祢在提醒我，即使是我生命中最微小的細節，祢也都瞭然於心。或者，也許這種恩典是我天生該棲息的歸宿。

14 神聖聆聽的時刻

禱詞

主啊，今天我會花時間聆聽神聖的聲音與靜默。今天，我傾聽著祢在我生命中如何表達自己的聲音。在很久以前，祢透過風、火、風暴與太陽的移動來說話。古代人在萬物中處處見祢。他們看出了祢存在於大自然、在森林中，也在倏然間微風吹動的樹葉沙沙低語之中。我們現今的想法是，他們是嚇壞了的愚蠢人類，比在原始地球上遊蕩的穴居人好不了多少。但或許並非如此。或許他們才是真正的明白人，沒有被懷疑所困擾。他們的立足點是個安靜的地球，一個純淨的地球，沒有任何噪音。一切都是新鮮且未受汙染的。他們無處不見祢，因為祢對他們而言就是一切。他們認識到自己的脆弱，並且對於所依賴的神聖力量充滿了謙卑。

我不知道要如何在大自然中聆聽祢的聲音。我已經習慣了相信自己頭腦所給的指示。我不知道要怎麼在腦海的眾多干擾和噪音中找到祢。我不知道要怎麼保持內心的靜默。但我會從在自己周圍建立一個安靜的世界開始著手。我會閉上眼睛，想像自己正在接近內心深處的一口神聖之井。我向井裡投了一顆小石子，聆聽著那顆小石子溜進我生命的神聖中心最柔軟處的微弱聲音。在那裡，在這個神聖又靜默的內在空間裡，我等待著祢。

指引

內在的靜默不同於保持安靜。保持安靜意味著你沒有說話，或者你讓自己脫離外在的喧囂，或者你想要遠離混亂獨處一下。另一方面，進入靜默之中，則是選擇把注意力轉向內在，目的是傾聽靈魂裡神聖之風的呢喃。神聖聆聽（holy listening）指的是聆聽你腦袋「之下」的聲音。釋放你腦袋裡永無止境的質疑天性，用呼吸將你的注意力集中到你的太陽神經叢（solar plexus）[7]上。你會需要整天一次又一次地重複這個動作，否則出於習慣，你會在一瞬間又落回心智主導的狀態。

如果你今天要從事日常活動，就必須調整神聖的靜默與神聖聆聽來適應你的世界。進入內在的靜默或退守你的神聖中心，從來都不是不可能的事。事實上，在做生意、購物或者在壓力下進行交流時，有什麼會比知道你可以退守自己的神聖中心更重要的呢？你不必逃到遠方去充電或自我保護。你的靈魂就是個寶庫，是指引與恩典的載具。假如你發現自己今天處於這樣的狀況下，請閉上眼睛，重複禱告：「在這個神聖的內在空間裡，我等著祢。主啊，我正在等著祢，我正在聆聽祢。」

恩典

神聖的靜默是種恩典。這種恩典能夠防止我們說出無法收回的話，而這些話語會造成無法挽

7 譯註：太陽神經叢為七個脈輪中的第三脈輪，主掌與自我、個性、自尊有關的課題。

回的傷害。神聖的靜默是種恩典，能夠在巨大的混亂中降臨在我們身上，瞬間把我們帶入內在的靜定之中，通常恰好足以讓我們整理情緒與思緒。如果你曾因為沒有說出口的話而感到慶幸，因為你聽見內在有個聲音問你：「你確定要這麼說嗎？」那麼，你就是體驗了這種強而有力的恩典。

主啊，我會在神聖靜默的幸福中等著祢。沉浸在這種恩典中，我將休止於內心的寧靜——而不用等待答案、徵兆或信號。我會用平靜來認識祢。

15 祝福我人生的旅程

禱詞

主啊，隨著我深入自己靈魂的廣闊疆域，請祝福我今天的旅程。就在我認為很了解自己的時候，卻發現有個陌生人住在我心裡。我必須接受一個事實，那就是我是個無邊無際的未知生物，即使對我自己而言也一樣——或許，特別是對我自己而言。在每一次新的體驗中，我都想知道，我會怎麼處理？我會怎麼回應？我會說什麼？我永遠無法確定自己下一步會做什麼。有好多關於我自己的事情，我都還不知道或不了解。那麼，為什麼我會因為混亂而感到驚訝呢？

我在風洞裡旋轉，看著自己人生的碎片匆匆飛過。祢無法讓這些碎片停留。沒有任何禱告可以感動上天，來拼湊起我這些散落各處的人生碎片。但祢給了我這個權力。我可以決定要變得更覺察、更投入、更專注。這是我的決定。清晰的頭腦與靈魂將會改變我過活的方式。混亂的生活最終會被命運翻來覆去地折騰。但清晰的頭腦卻能為勇敢與大膽的選擇留下空間。自我認知是通往靈魂的途徑。所以，主啊，請帶我深入內心，並向我揭示真實的自我。

指引

生命中比較難以理解的真理之一，就是我們對自己很陌生。我們並非生來就認識自己。我們是透過自己的生活經驗和人際關係，才發現自己是誰的。我們對自己的了解從來沒有完成的一天。這也許就是讓承諾變得這麼冒險的核心真理：沒有任何一件關於我們的事是確定或永遠不變的。智者追尋著關於自己本性的真理，並且跟支配生命的法則合作。例如，佛陀曾教導我們，變化是常態，試圖阻止改變、死亡或進步，就是痛苦的根源。智者擁抱支配生命的法則，並將它視為指引。儘管與自然和諧共處的生活無法避免生命中痛苦或失去的發生，但選擇有智慧的生活方式，可以大幅減少因為違反自然律所造成的額外痛苦。

恩典

智慧是種眾所周知的恩典，也是《舊約》中一再提到的最初恩典之一。智慧是種讓人能接觸到全人類集體經驗、接觸到阿卡西紀錄（Akashic records）[8]的恩典。我們都遇過「智慧的靈魂」。智慧的恩典從他們的眼睛或話語流瀉出來；他們通常都說出遠超出他們年齡的深刻話語。偉大的人因他們的智慧而被銘記。一次充滿智慧的教導，具有啟發世世代代的力量。「沒有從過去吸取教訓的人，注定要重蹈覆轍。」[9]這個智慧的真理適用於個人的人生旅程，也適用於國家的發展歷程。智慧是人類經驗中最必要的恩典之一。

8 譯註：阿卡西紀錄是新世紀（New Age）運動中的一種觀念，是一個全人類經驗智慧的集合體，包含了所有靈魂存在的過去、現在與可能未來，存在與我們體內，但又同時超越三維世界。（資料來源：維基百科，琳達．豪兒，《在阿卡西紀錄中發現你的靈魂道路》，黃裳元吉，2017年）

9 譯註：英國前首相邱吉爾（Winston Churchill）1948年在英國下議院的著名演說詞，改編自西班牙裔美國哲學家喬治．桑塔亞那（George Santayana）的名言：「不記得過去的人，注定重蹈覆轍。」（Those who cannot remember the past are condemned to repeat it.）

主啊，請賜給我智慧的恩典。打開我靈魂的眼睛，讓我看見從我人生經歷所獲得的真理與知識有多珍貴，讓我可以帶著這些得來不易的智慧，來度過生命中的每一天。

16 在各個方面尋找真理

禱詞

主啊，在各個方面尋找真理——尤其是在我的內心與我的生命裡——是最艱難的任務。即使是接觸最小的真理，也會改變我的整個人生。真理一直都在改變我，也永遠都會如此。

我曾經相信，有些事情會永遠繼續下去，但真相是，除了生死輪迴以外，沒有什麼是恆常的——這是祢的顯化。祢在生命的每一種表達裡展現祢自己。祢透過生命循環不斷地訴說，就好像它們是跟我們簽訂的有機契約一樣。祢承諾我們每個寒冬之後必定會有春天，每個困境之後必定會有希望，在我們化為灰燼後必會重生。

我曾經相信，生命是一段漫長的旅程。但事實是，生命是一天天（有時是每分每秒）所累積的經驗，包括了每一個呼吸、每個對世界的詮釋，以及當下是否害怕退縮的決定。當我感到安全時，世界看起來很美；而當我感到不安全，世界看起來就很可怕。奇怪的是，不論我的感受是什麼，從窗戶看出去，總是可以看見同樣的樹。雲仍然從我頭上掠過。在我的花園中，花朵依然盛開。唯一改變的，是我在焦慮或信任中醒來。

這就是日常，就是活著所要做的事情。即使我已經計畫好了，但相信我明天還會在這裡只是種幻覺。情節會如何展開呢？只可能是我在明天醒來——或者沒有醒來。然而，知道這個真理讓我每天都會想活得更充實、更深刻。我沒有屈服於恐懼的思維模式，相反的，我了解到我大部分的恐懼永遠都不會成真。所以，我讓這樣的思維模式經過我的腦海，就像看看一家我不想進去的餐廳門口糟糕的菜單一樣。

曾經，我一想到生命是多麼脆弱，就感到害怕。但現在，我更願意從這個真理中獲得啟發，對我生命中的每個人、每件事都懷抱感激之情。這就是我克服充滿恐懼思維模式的力量。我選擇安處於恩典之中，因為我明白恐懼是種思維模式，但我內心的神聖力量才是真實的。

指引

生命是段非常短的旅程。非常非常短。我們可以選擇讓自己被這個真理嚇倒，也可以選擇受到啟發，過上充實的生活。生命中的每一刻都藏著一顆真理的寶石。我們可以停下來問自己：「這裡實際上發生了什麼事？」或者「我會這樣回應的更深層原因是什麼？」在我們生命中對於真理的追尋是永無止境的，或者以佛陀的話來說，破除幻象的追尋是永無止境的。要讓自己虛懷若谷，還有很長一段路要走。這段旅程需要無盡的耐力，因為與真理相遇絕不是件簡單的事。

恩典

基於種種原因，耐力是我們所需要的恩典。儘管耐力可能會讓我們聯想到度過人生中許多無法避免的試煉，但耐力也能幫助我們進一步更真實地了解我們是誰，我們的動力是什麼，以及我們為什麼相信自己的所作所為。自我反省是靈性之旅的骨幹：一場永無止盡的追尋，讓我們真正意識到、進而有意識地掌握我們自身靈魂的力量。而這種內在旅程確實需要耐力，因為持續反省我們的動機、選擇以及想法品質的任務是無窮無盡的。

主啊，請賜給我耐力的恩典：持續發現我的完整全貌的能力。一點又一點地，我看見即使是我說話的聲調對於其他人的生命也會產生影響。如果我所用的聲調都能改變另一個人的人生，就無法再告訴自己，我是沒有力量的。我甚至需要耐力的恩典來吸收這樣的真理，因為我必須花費好大的力氣才能接受。我必須輕柔地走過萬物，忍受負面的舉動，不以同樣的方式回應。難怪偉大的大師們會警告他們的信徒，這段覺醒的旅程可能會兼具痛苦與狂喜，唯一能夠度過的方式，就是不斷地禱告，以及持續注入恩典。

17 放棄追根究柢的執著

禱詞

主啊，前幾天我目睹了一場車禍的後續處理。我必須緩慢地繞過兩台撞得稀爛的車，旁邊還圍繞著警車。即使開著車，我通過車禍現場的速度跟步行也差不了多少。我為受傷的人禱告，然後忍不住想：「這件事為什麼會發生在他們身上？」隔天，我聽到了一則在地新聞，一名青少年自殺了。我又忍不住質疑：「主啊，為什麼那個年輕人要放棄他的生命？為什麼沒有天使來幫助他？」當然，主啊，我有一整串一直不停問祢的「為什麼」問題。

但今天，我明白了一些事情。每一次當我問祢「為什麼？」的時候，我必須自己編一個答案出來。我現在明白，祢不會回答問題；祢只回應禱告。因此，主啊，今天我將會放下想要知道這些事情為什麼會發生的執念。放下這個疑問會讓我擺脫許多我從過去到現在仍然放在心裡的謎團，希望有一天自己會明白，在我的生命中為什麼某些事情會發生。當我放棄了追根究柢的需要，就能夠臨在我生命中此刻所有正在展開的奇蹟。

主啊，要做到不問什麼，需要極大的信任與額外的耐心。然而，我越來越能意識到，一部分的我永無休止地在追尋永遠不會獲得的答案；而放下那部分的我後，是多麼的自由。主啊，當我付出這一天來增進靈魂的力量時，請以恩典和指引庇護我。

指引

在深度層面，我們想要知道為什麼事情會這樣發生，是因為如此一來，我們就可以有辦法避免無法預知且無法阻止的壞事發生在我們身上。從最早有紀錄開始，人類就一直對於神聖國度的本質感到好奇。神跟我們一樣嗎？祂們的舉止會跟我們一樣嗎？想法會跟我們的一樣嗎？祂們也會跟我們一樣尋求伴侶嗎？

在沒有任何證據的情況下，我們會把自己的生活方式投射到神身上——只不過再放大個千百倍。如果我們是充滿愛、公平與公正的，那麼神一定也是非常有愛、極其公平且永遠公正的。神就是我們在宇宙中的放大版。因此，很合理的，我們會預期上天能夠解釋那些讓我們吃驚、訝異或深深傷害我們的事情。我們相信，如果我們是好人，壞事就不應該發生在我們身上。畢竟這是我們的法則。然而，當我們生命中的事情（至少就我們所看見的部分）發生與因果自然律、行為與反應的邏輯，以及選擇與後果的合理性不一致的情況時，我們唯一合理的做法，就只能看向蒼穹，對天叩問：「為什麼？」畢竟，我們用我們自己的形象創造了一個合理、公平與公正的神。我們覺得自己理應得到解釋。

然而，當這樣的危機讓我們感到困惑時，或許我們應該檢驗的，是關於我們對神的本質的理解。或許神聖的智慧與邏輯所遵循的，是跨越生生世世的法則，而不僅僅是此生此地的規則而已。每一生都包含了生生世世。我們所做出的每個選擇，都隱藏在每個後果之中。我們無法計算，因為這樣的運算需要理解因果報應的數學原理。

恩典

信任的恩典讓我們有能力抵抗即使是我們的感官告訴我們的一切。信任從我們的直覺深處湧現，然後流入了我們心裡。信任不是種心智上的恩典，而是種關乎生存的恩典。這種恩典給了我們毅力，能夠在充滿挑戰的時刻堅持下去，承受住困難的經歷。因為在我們的直覺與內心裡，可以感受到事情之所以會發生，之所以會這樣發生，是有其目的性的。我們也如此相信著。

主啊，請賜給我恩典，讓我能放棄想要知道為什麼事情會這樣發生的執念。這需要信任的恩典。我必須相信整個故事，而非我正在閱讀的那一頁，或者我正在活著的這一天。祢掌握了我的生命之書；而我則是一天一天地過活。我必須相信，身為作者的祢，知道的遠比我自己多得多。

18 順應天理

禱詞

主啊，我對於需要一個理由，來解釋事情為什麼會這樣發生的勁頭已經過了。這些天以來，當我不再需要問這些問題後，感到了莫大的平靜。根據經驗，我知道祢不會回答像那樣的問題。大多數人都不會回答這樣的問題。基於各種理由，事情就按照它們發生的樣子發生了。

事出必有因，但我所看到的一切，究竟包含了多少的原因？一株植物包含了多少先祖的種子？自然界中需要經歷過多少過程，才能夠在春天的枝椏上冒出新葉？我沒有任何頭緒。我想像著，填滿我生命中每個時刻的每一項活動、每一種想法、每一個聲音，都經歷了無數次的準備，才能在該來的那一刻發生。而沿著那些無盡道路（可能要追溯好幾世）的任何地方所發生最微小的變化，都可能會改變此刻發生的事情。我知道，這個宇宙就是如此地複雜和奇妙。

主啊，這意味著這個神聖宇宙是自動自發的，是充滿創意的，是互相聯動的，也是具有回應的。它活在我心裡，我也活在其中。這整個宇宙，就是祢活生生的存在。我無法理解這個真理，但我可以思考看看。我可以沉浸其中，就如同我現在像這樣跟祢一起禱告的樣子。即使只是想到這樣，就莫名地令人安心。

這是個具有神祕意識的神聖宇宙，一個具有奇妙秩序的宇宙居所，不受人類理性思維的主宰或規範。還有什麼比這個更顯而易見的？當我問出為什麼事情會這樣發生，就像把寫著這個問題的便利貼貼在創造的背景上，顯得無比荒謬。主啊，不要讓我成為自己思想的囚犯。我更喜歡沉浸在我的神祕想像中，在那裡，有祢一切皆有可能。

難怪那些偉大的神祕主義者，像是聖方濟（Francis of Assisi）與聖女大德蘭，都如此深愛著祢與萬物。對他們而言，祢就是萬物。

指引

沒有什麼比為了個人安全而尋求指引更典型的人性了。為什麼我們不把這種需要投射在對神的概念上呢？儘管我們提醒自己上百次，我們從來沒有從那樣的禱告請求獲得過直接的答案，但在艱難或痛苦的時刻，我們還是習慣把目光投向上天，質問：「為什麼？」那是因為我們所有人都陷入了一種普遍存在的幻覺，那就是不公平、不公正或痛苦的事情應該要跳過我們。也許我們認為自己已經承受了應得的痛苦，所以不應該獲得更多的痛苦。或者，也許我們認為自己一生都為善，所以壞事完全不應該發生在我們身上。

然而，不論我們告訴自己什麼，所有那些不理智的絮語，都只是個人的陳述。絮語永遠不會停止生命之輪轉動的軌跡。那些「為什麼」往往都可以由我們自己來回答。我們只需要鼓起勇氣，檢視我們的生活與所做的決定中的種種選擇與後果。我們有做出明智或勇敢的選擇嗎？我們的生活方式，是否會破壞我們自身的最大利益？如果我們從微觀的細節中檢視我們的痛苦，就會意識到，那大多都是我們自己製造出來的。

但我們的痛苦有很大一部分是自己造成的，儘管要承認這些不容易。想想我們做過的那些選擇：培養黑暗的態度或記仇的情緒、基於恐懼做出決定，或者不願承認我們生命的一個循環已經結束。或者，我們會不願意面對自己真實的陰暗面，例如成癮問題、無法坦誠，或者因為自尊受傷的舉動所產生的後果。最終，這些微小卻非常強大的黑暗面會編織成一張巨大的網，成為我們人生的心靈氛圍。那張黑暗之網的創造者不是神，而是我們自己。然而，不可思議甚至近乎奇蹟的真相是，即使是最黑暗的網，也會因真理的力量而消融。

恩典

勇敢的恩典有很多種表達方式：戰鬥時的行動、反駁邪惡的勇氣、一再嘗試的勇氣。我們也需要勇氣，去面對我們內在會打敗自己的固定模式。與其叩問上天，我們生命中為什麼會發生這樣的事情，首先我們必須鼓起勇氣，去檢視我們一路走來所做過的選擇。

有人曾經問我：「那我應該怎樣選擇，才能避免我沒預見的洪水猛獸？」問得好。我生活在一個以龍捲風與極地渦旋（polar vortexes）[10]著名的地區。我不知道極端天氣什麼時候會發生，但我知道它一定會來。智慧告訴我，必須為我所生活地區的氣候做好準備，盡可能在「合理」範圍內準備好應對，同時也理解大自然比我還要強大。

10 譯註：極地渦旋是存在於南北極大面積的低壓與冷空氣，在冬季時會增強，把冷空氣與氣流往較依緯度發送。這種情況通常與美國的寒流有關。作者所住的伊利諾州是極地渦旋首當其衝的地區。（資料來源：美國國家氣象局網站https://www.weather.gov/safety/cold-polar-vortex）

我們生活在兩個理性的國度裡——我們的，以及神的。我們必須照顧我們的實體生活現實，以及其中的許多挑戰。這包含了鼓起勇氣檢視我們為什麼這麼做、這麼說、這麼反應——以及為什麼不。至於天理，那是我們永遠無法企及的境界，所以就不用費心去敲開那扇門了。

主啊，請賜給我勇氣，讓我打破否認與自欺的模式，尤其是當它驅使我用對自己與他人都有害的方式去看待世界的時候。我需要勇氣來認識到，我被暴風雨襲擊的可能性，與我的左鄰右舍沒有區別。大自然不會偏袒誰，而這是一個需要勇氣與謙卑才能接受的真理。

19 從崩潰進入平靜

禱詞

主啊，我在崩潰中開始了一天。我感覺我在自己的能量場中支離破碎，就像破碎的玻璃屑一樣。我心煩意亂，六神無主，無法集中注意力。我本能地閉上雙眼，深吸一口氣——然後轉而審視自己的內在。我需要找到回歸內心聖所的路，這條在我心中存在已久的道路，可以帶領我遠離心煩，進入平靜。

這種崩潰經驗的力量使我感到震驚。我可以持續好幾天或好幾週在生活中感受到當下臨在的感覺，完完全全脫離過去的影響，也無須擔心未來（反正那些事我可能永遠也不會碰到）。然後突然間，總是會有一些出乎意料的事情發生，提醒我其實是陷入了錯覺——認為自己已經完成了一種恆久的神聖寧靜狀態，認為自己已經到達一種內心的平靜，變化的循環影響不了我。

就在我得知家人健康出了狀況的那一刻，幸福的平靜狀態瞬間翻湧成一片混亂。我從沒想過自己會需要處理的問題一一浮現眼前，開始向我索討回應。主啊，我當下立刻失去了那個頭腦清晰、意識覺察的自我——而這正是我最需要這部分自我的時候。但我相信祢一定隱藏在（而且非常顯而易見地）我生命中的所有事件之中，即使在我收到令人心碎的消息而崩潰的那一刻也是如此。

或許有些人認為，巧合就是巧合。有時候，我們生命中的交會可能的確只是運氣，或者罕見的巧合。然而我一直認為，運氣這個詞屬於無神論者，以及不敢仰望與想像祢的那些人。在這些時刻，我看見了祢，特別是在我崩潰的時候——就像某天晚上，我正在考慮自己不熟悉的療法有哪些利弊。在腦袋斷線的狀態下，我無法集中精神去研究這些資料，更別說記住所讀過的東西了。於是，我決定打開電視看個新聞，卻發現電視播放的，是我從來沒有看過的頻道。我愣了一下：是誰動過我的電視？我家沒有其他人啊。然後，我注意到這個頻道上正在播放的內容。那是個脫口秀，主持人正在訪問一位醫生，主題就是我沒力氣去研究的那種療法。我不禁微笑起來，趕快記下重點。我感覺到希望與感恩的恩典——以及敬畏感，就像是療癒的香膏洗滌了我。祢出現在我生命中，讓我感到驚奇，而我從來不曾想過要停止這種驚奇，也永遠不會這樣做。

指引

佛陀教導我們，人生的情況可能在轉瞬間就改變。突然之間，生命的力量可以讓我們由富轉貧、由貧轉富、由悲轉喜、由已婚變未婚、由禁錮變自由、由平靜變混亂。生活一次又一次地教導我們，我們除了自己對於生命外在流動的反應之外，並沒有主宰任何事物——而所有這些外在流動都是無關個人、有機變動的，並且跟整個生命網絡交織在一起的。

然而，出於某種原因，在這個無窮無盡、非關個人的宇宙造物景觀中，你生命中的種種事件會用什麼方式、在什麼時間、因為什麼原因而展開，都為神聖所熟知。這些事件都是有目的性的。沒有什麼是隨機的；沒有什麼是不帶因果的。一般被稱為「共時性」（synchronicity）的經驗（例如電視節目恰好在播放我迫切需要了解的訊息），對我而言，就是神祕經驗。這就是神聖貼身看顧我們的證據。

聖女大德蘭曾說：「從你生活的小細節中尋找神。」在平凡的世界裡，在最微不足道的行為裡，那些讓你的生活更輕鬆或更安全，或者提供可能拯救你至親至愛之人的一個小細節，就是神存在之處。透過神祕主義的眼光，任何事都可能是因禍得福。

恩典

感恩的恩典永遠都能撫慰你的靈魂。從小處著手。從生活中最微小的細節裡尋找神，而不是我們所熟悉且顯而易見的大事。對於有乾淨的水可用、沒有暴力發生的一天（如果你有幸經歷這樣的一天），以及豐衣足食（甚至還有多餘的食物可以跟需要的人分享），要在心中時時抱著感激的心情。活出這種恩典。在所有的行動中表達出這種恩典。只是在心裡默默地說聲「謝謝」是遠遠不夠的。活出你的感激，並且跟其他人分享這份恩典。

> 主啊，請賜給我感恩的恩典，尤其是當我看不見自己生命中所有的美好時——特別是在那些時刻。我需要提醒自己，所有在我生命中平凡的禮物，實際上一點都不平凡，而是真正的祝福。即使是在我想要一杯咖啡的時候就能買到，也是種福氣。我只需要打開電視，目睹人們受苦、等待別人施捨一頓飯或一杯水，就能夠體會這種福氣。因為神的恩典，我得以倖免於難。

20 在邪惡中看清自己

禱詞

主啊，我該跟那些不相信邪惡的人說什麼？對我而言，很容易就能看見這世上邪惡與黑暗的所作所為，用許多巧妙的方式助長了人類的傲慢與盲目。我無法不注意到，這些人中有多少都戴著幸運符或水晶，來保護他們免於受到人生中他們認為是「負能量」的影響。負能量這個詞用在這裡，可能只是個煙幕彈。這個詞跟神聖沒有任何關聯。但辨認出某個舉動或個人意圖是邪惡的（邪惡的定義，就是有意識地選擇做出傷害他人的事），會讓一個人的靈魂立刻進入警戒狀態。

我已經習慣靈魂在面對邪惡時，會對我發出警訊。我可以感覺得到，有意識且活躍的黑暗，正在尋覓毫無防備的受害者或心甘情願的夥伴。我們很容易相信善良，相信天使的存在。我曾經見過人們在提到有守護天使庇護著他們時，臉上突然發光，就像孩子一樣。然而，他們似乎無法理解，黑暗在戰場上也擁有同樣利用宇宙法則的軍隊。黑暗會同性相吸。

主啊，在現實世界裡，邪惡有很多好處——至少看起來是這樣。黑暗的行為會愚弄我們，讓我們以為它滿足了一種強大的欲望：具有控制結果與其他人的力量，或者體驗到立刻的滿足感。但任何邪惡創造的事物都不可能受到恩典的支持。因此，不論邪惡創造了什麼，都無法持久。學習這些真理最好的方式，就是從經驗中領悟；主啊，我就是這麼學會的。對我而言，明智的做法，就是不要談論邪惡——至少不要直接談論它。我認識到，即使到今天，這個詞也會嚇到人——這種反應有時意味著一個人曾經有過跟真正受邪惡驅使的人交手的經歷，或者這個人故意用某種方式傷害了自己的靈魂。

然而，很久以前我就意識到，每天我們都必須謙卑地行走在這個人世間，祈求神聖恩典的保護，就像聖女大德蘭教導她的修女們所做的一樣。因為我們看不見也不理解無形境界的奧祕。而且，我們之中沒有人真正明白，我們自身的陰影有多深多強大，尤其在我們感到脆弱的時候。因此，我們必須祈求保護的恩典，「不要讓我們遇見誘惑」[11]，並且讓我們時時留心自己的弱點。

主啊，我不認識無形境界的許多居民，但我知道著名的靈性大師都會祈求保護與指引。他們是對於黑暗之路再熟悉不過的嚮導。

指引

多年前，我在報紙上讀到一則故事，一個男人從撒旦邪教中逃脫出來。他告訴記者，那個邪教組織裡有很多人的名字，在芝加哥的大多數人應該都認得出來。毫不意外地，記者用一種懷疑的語氣寫下了這篇報導。但對於記者的懷疑態度，這位前邪教成員的回應是：「邪惡就是靠著持有像你這樣態度的人而壯大，尤其是傲慢。這正是惡魔為何如此強大的原因。你就是不相信他們的存在。」

11　譯註：出自《馬太福音》6：13。

我能從那句話中感受到真理。一直以來，我們的傲慢或恐懼阻礙了我們去相信或承認關於自己的真理。我們認為傲慢是種保護。我們認為自己知道的越多，其他人一定錯得越多。如果我們沒有弄對事實也沒關係——我們只需要聽起來好像知道自己在說什麼，而且我們必須不停地說，說著任何能把真理拒之門外的話題。因為一旦真理進門，華而不實的紙牌屋就會倒塌。

邪惡不會像夜晚藏匿在房間角落的摸壁鬼那樣顯現，而是會透過跟靈感一樣的入口，進入我們的意識之中：透過我們的想法、直覺、良知，以及內在本性的運作。當自憐敘事的腐化能量迴路變得越來越大，邪惡就會透過這個迴路來臨，鼓勵我們把人生中的絕望歸咎於他人。或者，邪惡會藉由告訴我們一些事情來潛入我們的思想，像是我們理應可以獲得更多更多的東西，或者我們不該遭遇目前面臨的厄運，或者我們有權要求別人為我們的不幸負責等等。

黑暗擅長的伎倆，就是試圖削弱我們的力量——我們的決心、我們的毅力、我們的直覺、我們的個性，最終會殃及我們的靈魂。在你感覺到壓抑自己真正的模樣的那一刻、那一秒，就該辨識出這種感覺是個「靈魂警報」。當你說一些言不由衷的話，或者當你同意一些實際上你很難接受的事情時，檢視一下自己的感受。你會立刻辨識出自己正處於「靈魂警報」之中——一個告訴你應該依循良知的回應。

照顧我們所擁有的生命禮讚需要全心全意。每一個念頭、每一個舉動，以及我們說的每一句話，都是創造的行為，都是實行恩典的選擇——或者相反。

恩典

我們可以把保護的恩典想成某種充滿光明的網，是上天加諸在你身上，來斥退心靈中的自由基——也就是負能量。這些負能量不可避免地會觸發負面行為，藉由依附在你的能量場，將自身連結到集體的負面創造行為之中。恩典的力量會以看得見和看不見的方式，在你的生活中表現出來。你可能永遠都不知道，這種恩典在一天中用很多方式左右了你，或者引導你的思緒，或者避免你內心啟動負面敘事。我總會提醒人們，我們大多數人都是無意識地在過活，無意識到我們想不起來兩天前穿了哪件衣服，四餐前吃了什麼東西。如果我們想不起來人生中一些顯而易見的經驗，那麼很可能就會在大多數時間裡錯過微妙的神聖經驗。

主啊，請賜給我保護的恩典，讓我避免這世上我看不見的黑暗，以及我自己驕傲與傲慢的黑暗面。難怪我們會害怕驕兵必敗。主啊，你把我們設計成面對邪惡時會屈膝，是為了保護自己。而這多麼完美：那正是我們發現你一直等待我們的地方。

21 讓我在此刻保持正念

禱詞

主啊，最近我很容易就會陷入黑暗的廢墟之中。有時候我會覺得善良、愛、希望和我們較高等的本性好像都在節節敗退——在某些日子裡，人類經驗的確就像場戰爭。我知道完美的國家或完美的世界並不存在，因此我並不是在等待或祈求完美。我從很久以前就不再祈求那些無法被回答的禱告。期待一個完美的世界，並不是證明神存在的方式。

我們不是完美的生物——但主啊，很矛盾的，我們的設計是完美的。我們具有內在的力量，包括了智識上、情緒上及創意上的力量，把這個世界打造成一個和平又平等的地方。我們所要做的，就是安住在神聖的意識之中；不再擔心別人有的更多，我們有的就會變少；並且認識到我們的生命都交織在一起，成為同一種生命力量的一部分——神聖的來源只有一種。

主啊，這是多麼簡單。我們為什麼會一直退縮到我們的渴望中，渴望擁有更多的東西、更多的控制權和更多的優越感？這些目標中，沒有一個能夠把一個人的生命多延長一分鐘。有時候我會對那些孤立自己、拒絕看到目前大局進展的人爆發憤怒的情緒——然後意識到，我的憤怒是自己優越感的一種表現。我不想這樣回應別人，但有時候我還是會這樣。我希望人們可以看到整個宇宙的管弦樂團是以你為指揮，並且聽到他們靈魂中的天國交響樂。

我發現，每天我都需要提醒自己好幾次這個神祕的真理：宇宙的變化之輪正在改變人類經驗本身的方向。這真是個活著的好時候。我們很容易就退縮進黑暗中，忘記了在我們身邊與內在光明與黑暗總是一起共舞。然而，當我反思我們的設計有多完美時，主啊，我幾乎不敢相信，單單一個選擇的力量有多大，以及單單一個人就可以做多少事情，來改善其他人的生活。或許，只要能從祢的宇宙管弦樂中聽見一個音符就夠了。這個在靈魂中聽見的天籟音符，是物質世界中其他聲音無可比擬的。這是多麼令人驚奇啊——一個只有我的靈魂才能聽見的聲音。祢的聲音。

指引

我們從未見識過變化如此巨大的時代。一切都在經歷轉變——從我們的生態到我們的生理，到我們的科技，再到國際社會的衛生保健。我們跟不上變化的速度。而沒有什麼比改變更讓我們害怕的了。難怪空氣中瀰漫著這麼多的恐懼！

有很多人都想要回到還沒改變前的樣子，回到更簡單的時代。但是世界的發展永遠不會倒退。我們內在的一切告訴我們，與萬物成為一個整體，是下一座我們必須攀登的靈性高山。我們的內在本性，也就是我們的完美設計，已經明白這個真理。如今我們在自己的生理上就可以感受到這個真理的力量了——明白我們必須對自己進行整體的療癒，否則就無法痊癒。但我們每天也都會學習到，要成為一個完整的人，是一項艱鉅的任務。想像一下，這是我們活在人類歷史的這個年代中所要面臨的集體挑戰。因此當我們發現到處都一片混亂，也就不值得大驚小怪了。

恩典

正念的恩典讓我們保持警覺，並在生命中的枝微末節中覺察到神的存在。當進行生活中特別需要用心留意的任務時，我們會需要這種恩典，例如照顧一個脆弱的人，或者承擔自我療癒的艱鉅任務時。當我們下定決心要戒掉某種癮或擺脫某種黑暗的態度時，也會需要這種恩典。

主啊，請讓我沉浸在正念的恩典之中。當我可能犯錯或開始說服自己去做不該做的事情時，請讓我保持警醒。請讓我留意自己玩的心理遊戲，並賜給我不屈服的力量。

22 在所有生命的陪伴下

禱詞

主啊，有些念頭很小。有些則像宇宙一樣大。主啊，今天我有一個宇宙等級的頓悟：我需要所有其他生物的能量（也就是呼吸）來支持我。突然在一瞬間，我感覺到感恩與脆弱的心情在內心裡碰撞。從這個宇宙宏觀的鏡頭中，我體驗到生命的整個結構，就是一個活生生在呼吸著的有機體，穿過我，並隨我一起移動。雖然這種感覺只持續了百萬分之一秒，但感覺上就好像我一直用來觀察這世界的鏡頭在一瞬間支離破碎了。我不再是生命的觀察者，而是參與創造能量關係中的一個粒子。

主啊，我必須向祢承認，我想要停佇在那樣的感知、那樣的神祕境界裡更久一些。我感覺自己彷彿在體驗創造本身的呼吸構造，而不只是像個局外人，看著花園裡曾經綻放的花朵。我無法用智識理解這種體驗。主啊，我正在學習，有些體驗只屬於靈魂。主啊，我相信今天祢賜給了我恩典，讓我在百萬分之一秒內就接受了所有生命共同呼吸的真理。只要人們能夠稍微體會到這個真理的力量，生命就能少掉很多恐懼。

指引

偉大的靈性導師教導我們，我們是一體的，在單一個體中的也就會存在於整體之中。體驗到這個真理或任何一種真理的力量，就像受到純淨的光所照亮。就在真理的會心一擊之中，你對於生命所觀察到的所有理解被一掃而空，取而代之的，是一種神祕的生活體驗。

你無法真正理解我們彼此都是互相連結的。這個概念理論上聽起來很不錯；甚至在考慮到自然法則掌管了所有生物的情況下，看起來也很有道理。但如果你只把真理當作理論，你的選擇可以是爭辯或否認。而一旦你體驗到一個真理，這個真理卻能改變你。真理的力量會護送你進入一個新的境界。你會了解到，這個神聖生命之網是緊密交織在一起的——其中的每一個原子都是有意識且神聖的。我們心裡很清楚，所有的生命都是神聖的，因為所有生命都是神聖的一種表達。這個真理根植於靈魂的DNA中。我們就是由這個真理的材料所建構而成的。

恩典

清晰的恩典會以很多種方式來表達自己，其中一種就是看透形式的幻覺。佛陀給予世人一個深刻的真理，那就是我們肉體的感官很容易被我們的所見、所聞、所嚐、所嗅或所接觸的一切欺騙。所有東西都不是外表所見的樣子。我們看不到無形的恩典網絡，或者連結我們所有人的生命之網。然而，當我們進入靜謐的沉思之處，就可以在我們的靈魂中感受到那種連結。我們生來就知道，所有的生命都一起呼吸。

主啊，請賜給我清晰的恩典，尤其是在幻覺偷渡進入我的腦海，讓我暫時相信自己不是整體的一部分的時候。請幫助我清楚地看到，所有的生命都跟我一起呼吸。

23 在神性中

禱詞

主啊，這世上沒有所謂神祕的生死秩序，對吧？假如疾病只會發生在衰老的人身上，那麼親人遭遇病痛的事實將會容易承受得多。然而病痛就是會發生。我跟很多人一樣，都試著解讀我們人類為什麼會驟逝或英年早逝背後的邏輯。是因為有太多負能量？太過悲傷？運動得不夠？然後，我們轉向祢，叩問道：「這給我們什麼教訓？」

我現在相信，這些都無關緊要。追根究柢，我們生命的長度是種宇宙層次的決定，而我們所擁有的力量，就是做出對品質控制最好的選擇：我們選擇用自己所獲得的生命天賦來做什麼？我們可以藉由自己所做的選擇濫用這個天賦，進而濫用其他人的天賦。或者，我們可以對這個天賦抱持著感激，與他人分享我們生命的長才，希望能夠改善他們的生活。

偉大的大師教導我們，善有善報，惡有惡報。如果我們在生命中投入了恩典跟愛，就會得到百倍回報的恩典跟愛。這項投資的獲利是我們無法計算的。或許其中一項，就是會確實增進我們的健康。當然，我也親眼見證過好人受苦。主啊，我懷疑永遠都無法用地球上的邏輯或簡單的觀察來了解祢。

我們一定會根據我們認為是真的且有價值的來做出選擇。不過我發現，我們的靈魂會密切注意我們所做的選擇，並在我們的血肉之軀中記錄我們行為的後果。我們被允許忘記所有我們做過的好事，但卻很少能夠忘記負面的事情。出於某種原因，黑暗的選擇，特別是那些傷害到別人的選擇，就像白蟻啃噬朽木一樣，啃蝕著我們的良心。為什麼會這樣？我猜想著。或許這是因為我們做出的每個選擇都非常重要。

即使我們無法理解為什麼以及怎麼會這樣，最終，我還是必須根據我與祢的神聖約定，以及我對今生天賦的重視程度來做出選擇。

指引

我們都想要找到一種方法，來破解宇宙密碼，想辦法說服神聖進入一套私人規則。我們希望能防止未知的發生和混亂的來襲。然而，人類歷史上沒有任何一個人成功完成過這個任務。是我們必須向支配這個宇宙的規則低頭。儘管渾沌看似缺乏秩序，死亡看似殘酷且反覆無常，但這兩者都是幻象。渾沌就是神聖正在重整秩序，生死輪迴則是生命的本質。

我們是唯一無法接受輪迴的物種，因為我們有愛，也會悲傷。唯有我們學會接受不論我們做什麼，都不可能讓自己成為生命規律的例外，或許就能夠更專注於我們內在不朽的部分。也就是說，我們與其把精力投入到不斷嘗試去操控改變的法則，去安撫我們想要控制自己生命中物質元素的執念，不如去想像一下，如果放下那些生存恐懼，接受我們的侷限，會感到多麼自由。

禱告，然後聽從給你的指引——但不要期望這樣做會得到回報。隨著你全心投入禱告、相信、行動與接受的節奏，一種深刻的信任感、安適感和接納感會逐漸充滿你的內心。

恩典

在《寧靜禱文》（*Serenity Prayer*）[12]中，我們祈求自己能「接受無法改變的事情」。接受是種強大的恩典，也是種撫慰人心的恩典，能夠抵銷我們對抗生命本身力量時所產生的焦慮。世界上最糟的感覺之一，就是無能為力。生命中的許多障礙提醒著我們，我們確實無力阻止身邊所發生的事情，無論我們有多麼努力想要改變它。在這種時候，我們心中會升起焦慮，而接受就是緩解這種焦慮的神聖解藥。在我們竭盡所能之後，它會提醒我們：「放手吧，讓神來接手。」

主啊，請賜給我接受的恩典，特別是當我身處於超出我控制的情境，以及讓我難以接受的情況之中時。我受不了看到有人被傷害。我無法理解為什麼會有人忍心讓孩子受苦。我無法接受任何人性的黑暗面。然而，不會因為我無法忍受那種黑暗，人類就在一夕之間改變。因此，我必須接受，即使在最黑暗的舉動中，上天也在見證。這是我能接受的真理。憑藉著這個真理，我可以感受到恩典的平靜，平息我自己製造的混亂。

12 譯註：《寧靜禱文》是美國神學家雷茵霍爾德．尼布爾（Reinhold Niebuhr）所撰寫的著名禱文，其內容為「主啊，請賜給我寧靜，讓我接受自己無法改變的事情；賜給我勇氣，來改變我所能改變的事情；賜給我智慧，讓我能區別以上兩者的差異。」（資料來源：史蒂夫．史考特，貝瑞．達文波特，《人生減壓的思緒清理術》，遠流，2019年）

24 用期待的心生活

禱詞

今天，我在空氣中感覺到一絲異常，但是什麼變得不一樣了呢？這個「不同」真的是「在空氣中」嗎？我就像往常一樣度過清晨，只不過今天我覺得自己好像在等待著什麼。我等待的是什麼呢？我拿起咖啡，走向陽台，準備開始與祢的晨間對話。然後我明白了。我在等待祢的到來，不過並不是我們平常在安靜晨光中的相處方式。現在我已經習慣早晨的深度寧靜了。出於習慣，我會陷入神祕的沉思之中。我渴望這段神聖寧靜的內在時光。但今天，我感覺好像在等一位客人到來。於是我想了一下——我有收到訊息嗎？是不是需要深度的靜定才能重新讀取？不。主啊，在這個清晨的某個時刻，我意識到（也許這就是訊息），期待的恩典正如潮水般湧入我周遭的氛圍中。而我唯一需要做的，就是吸收這個恩典。

指引

我們期待從神那裡獲得什麼呢？或許什麼都沒有，又或許是一切。每個人都有自己獨特的一套神學觀。我不會預期善有善報，或者因為我的慷慨讓我在遇到困境時獲得保護。上天不是這樣計算的。但我確實期望（或者更確切地說，深信不疑）所有的禱告都會被回應。然而，我不會期望自己了解禱告怎樣被回應。我也不會期望禱告會以我想要的方式被回應。我只知道，禱告會被回應。

有時候，我們可以看到透過禱告的恩典所帶來的改變，但多數的時候我們都看不見。也許我們的靈魂以某種方式存在於一種期待與神聖相伴的常態之中。我們的靈魂認得神聖之光的火花。當火花出現，我們的想像迸發成期待：在這種幸福的存在狀態中，我們被一種意識淹沒，那就是所有奇蹟真的都可能發生。而這種幸福的奇蹟狀態，也許就是最純粹的期待狀態。

恩典

期待不是很多人熟悉的恩典，儘管每個人對於預期心理都不陌生。然而，期待的意義恰好與預期心理相反。預期心理意味著你活在應得某種東西（特定的結果、美好的時光，或者治療）的假設之中，因為你已經付了一定額度的錢，或者你簽過合約，又或者，嗯，只因為你是「你」。

另一方面，期待的恩典會讓你的內心充滿奇蹟無限可能的感覺。期待感覺起來就好像你的創造力即將爆發，就好像是生命本身純粹的震動。這種恩典並不是任何事情的回報，而是用以照亮你對生命的熱愛。期待的恩典強調了生命天賦的無限可能。這種恩典啟發我們，認識到我們的生命充滿了創造的可能性。

主啊，我祈求期待的恩典給我祝福。我不求給我指引方向或展示結果——我明白這些祈求都來自於恐懼；讓我感受到我潛能的力量在體內爆發，照亮我的創造本性。那麼，我應該期待從自己身上獲得什麼？一切皆有可能。

25 對奇蹟的看法

禱詞

主啊，今天我聽到一個女人告訴我，她經歷了一場奇蹟。她說她的癌症痊癒了。她說她祈求治療，而祢聽見了她的禱告。她被感恩與喜悅的情緒所淹沒，並且想要跟所有願意聽的人分享她的奇蹟故事。

她告訴我，在罹患癌症之前，她對於信仰並不熱衷。而現在，她對祢深信不疑。我問她，是什麼讓她轉而禱告？因為她在診斷出罹患第四期癌症之前，並沒有禱告生活。她說，因為她的醫生告訴她，基本上已經沒有什麼療法可以選擇了；現在她能做的，就是禱告。所以，她就這麼做了。她祈求神聖介入。

她告訴我，幾乎死於癌症的經驗徹底改變了她。她以為自己就快死了，所以把自己大部分擁有的東西都送人了，並且提到有些人是多麼想要她的東西。她告訴我，當她看到一些跟她很熟的人瀏覽她的個人物品時，她意識到其中有些人根本不會想念她。沒有她，他們的生活也一樣會過得很好。而有些人則哭得傷心欲絕。

主啊，我認為這個可愛的女人被賦予了很多的奇蹟，其中最微不足道的，就是恢復健康。她說起話來就像一個宇宙旅行者，不想讓她的新人生負擔從她前半段旅程所遺留在身體上與情緒上的包袱。她只想要知道她內在生命的力量，以及趁著她還在的時候，她可以做些什麼，讓世界變得更美好。她說用癌症將她從前半生之中釋放，這個代價非常值得。在她看來，這種轉變，是真正的奇蹟。

指引

我一次又一次地見證到，我們確實不知道我們所承受的苦難真正的核心是什麼。就像我們從鍋子裡倒熱水倒得太快，濺到自己身上，就責怪滾燙的熱水一樣，我們想要把責任歸咎到其他地方。但事實是，我們自己的粗心大意，才是我們被燙傷的原因。或許我們心煩意亂，或者太緊張，或者很生氣。在那一瞬間，這些破壞性的情緒比我們的常識更能夠控制我們的平衡感。

我們可以治療燙傷，但燙傷藥膏可以療癒憤怒或焦慮嗎？我們需要的治療是在更深的層面上——我們恐懼所在的層面。雖然燙傷（或者癌症）可能會造成非常痛苦的折磨，但靈魂的內在痛苦往往脆弱得多，甚至發生在病人都不知道的地方。我們什麼地方最需要治療，通常自己都是最後一個才知道。

恩典

謙卑是種通常跟治療無關的恩典，但卻是治療最需要的一種。我們永遠不會是自己行為的接受方。我們從來沒有看過害怕或恐慌佈滿自己臉上的樣子。或許這就是為什麼這些強烈的情緒在我們身體裡會感覺那麼尖銳的緣故。

疾病讓我們變得脆弱，而通常在那樣的脆弱中，我們無法看清我們內心需要被治療的是什麼。我們尋找顯而易見的目標，因為我們希望疾病和療癒會遵循一個問題對應一個解法的公式。然而療癒並不遵循公式。療癒是一段神祕的旅程，是一段需要與真理相遇以及自我反省的過程。舉例來說，在追求你自己的療癒過程中，你不應該去追問：「誰讓我害怕？」而是應該問自己：「我為什麼這麼害怕？」只有第二個問題的答案，才能讓你免於恐懼——而最終，這會是最棒的一種療癒。

主啊，請賜給我謙卑的恩典，讓我可以看清自己。恐懼引出了我內在最糟糕的部分——自大與憤怒。當我狂妄自大時，沒有任何疾病可以真正被療癒。那比任何疾病都更惡毒。主啊，請賜給我謙卑，以及根據這種恩典行事的能力。

26 奇蹟的氛圍

禱詞

主啊，今天早上我一直在想，上天有限制一個人一生中能夠經歷幾次奇蹟嗎？我曾經見證過一些奇蹟療癒的例子。我早就不再懷疑祢會介入我們的人生。我花了一些時間跟那些有奇蹟療癒經驗的人相處。我承認我很好奇——為什麼是他們？我怎麼能不好奇？如果我真的歸納出天道，如果這樣的事情是可能的，那麼我得到的結論就是：奇蹟的降臨是沒有規律可循的。奇蹟可以在任何時間、任何地點、任何人身上發生。

上天不會偏愛任何人，這就是我蒐集到的資訊。但在試圖揭開這個謎團的小小探索過程中，我也得到結論，那就是療癒只是上天的信使被派來介入我們生命的諸多方式之一。生命是一座劇院，是為了讓神聖介入而設置的，這些介入隨時隨地都在發生。在所有曾經歷過奇蹟療癒的人身上，我發現的共同點是，他們時時刻刻都在期盼祢的到來。他們沒有想過祢不會出現；儘管他們不一定期望他們的病痛會完全被療癒，但他們相信，他們或他們的家人會獲得某種形式的幫助。他們願意接受祢澆灌在他們生命中的任何恩典。

有個人告訴我：「我總是期盼著神的到來。」這是多麼強而有力的禱告——永遠期盼著神的到來。所以，我也將如此。

指引

直接經歷過神聖介入（也被稱為奇蹟）的人具有閃閃發光的靈魂。他們不再懷疑神存在於他們的生命中，也不再懷疑禱告的力量。他們散發著信仰的光輝。你可以感覺到，他們的信仰圍繞著他們而振動，帶著一種純粹的無畏。沒有人能夠想像這種意念；你或者能體現它，或者不能。

一談到神聖之光，我們就像尋熱導彈一樣。我們渴望這種純粹的光，至少就像我們渴望純淨的空氣和水一樣。它是我們靈魂的養分。我們努力凝視著美麗的日出日落，希望能被一絲絲的神聖之光照亮。我們讀詩、登山、到聖地駐留，心裡懷抱著一個私人願望：或許，只是或許，我們會在那裡遇見神聖。誰不想遇見比自己更偉大的事物、真正神奇的事物，那怕只是一點點的接觸？

恩典

我們再次提到期待的恩典。這一次，把這種恩典想像成你內在所懷抱的光亮，總是騰出空間，準備好接待神祕的來訪。不論何時都要活在對神聖介入的期待之中。想像你的生命是種氛圍，完美地調和成支持奇蹟發生的狀態。你不需要遭遇災難或苦難，就能獲得神聖介入的經驗。獲得靈感以及直接的指引，同樣都是彰顯奇蹟的神祕經驗。

主啊，我一直期待著祢的到來。

27 請求神聖介入

禱詞

主啊，今天我接到一通請求禱告的電話。她正在遭受可怕的折磨。在這樣的時刻，我必須提醒自己，祢明白我禱告的內容，也知道我正在為誰禱告。我知道最好不要問細節。但既然我心裡想什麼都逃不過祢的眼睛，就讓我坦白：其實我很想問。不過我已經學會（也一直在學習），我不知道什麼對別人是最好的。我不知道祢是不是在召喚她回家，這是不是她生命的終點。

生命的奧祕從未停止吸引我的注意力。我曾經看過一些人在鬼門關前從絕症裡康復——其中有一個人還是在做完臨終禱詞後康復的。我知道祢從祢的療癒國度派了一位天使過來，傳遞那份療癒的恩典。連醫生都說能康復真是個奇蹟。或許我們離開人世的時間終究是可以商量的。我不知道。我只知道我正在祈求慈悲的恩典降臨在這個女人身上。請讓這種恩典源源不絕地傾注在她與她的家人身上。

我知道慈悲是種恩典，就像芥菜籽一樣[13]，即使是我們人生中認為像山一樣的障礙也能消

13　譯註：典故出自於《馬太福音》17：20。（耶穌說：「是因你們的信心小。我實在告訴你們：你們若有信心像一粒芥菜種，就是對這座山說：『你從這邊挪到那邊！』，它也必挪去；並且你們沒有一件不能做的事了。」）

除。主啊，我請求慈悲降臨這個家庭。也許有了慈悲，他們就能原諒他們認為無法原諒的事情。主啊，需要心懷慈悲的不是祢。是我們太常沒有慈悲心。是我們對於不懷慈悲心的後果視而不見。

慈悲是傾注於人心、撫慰人心的一種恩典。因此，主啊，請賜給他們慈悲。因為我明白那種恩典的療癒力量。

指引

有一天，就在我深深沉浸在禱告之中的時候，我突然懂得神不需要慈悲；是我們需要。我從來沒有遇到過一個人會對我說：「我被痛苦困住了，因為我一直過著毫無慈悲心的生活。」然而，一個沒有慈悲心的人，會發現殘忍毫不費力，還會把不人道的決定合理化。這樣的人會處於一種幻覺，那就是他們可以自外於整體而存在，以及出於某種原因，他們對他人所做的行為不會對自己的生活產生影響。我們為其他人禱告，不論是跟我們很親密的人，或者是遠方的人，這提醒了我們，我們不知道他們的生活正經歷著什麼事情。

恩典

慈悲是種強而有力的恩典，能夠敞開心扉，與其他人的心交流。很久以前，人們每天祈求慈悲，明白他們在這世上的生命是多麼脆弱。如今，我們的內在生活就是脆弱的景象。我們都發現，這段人生旅程有多容易壓得我們喘不過氣來。我們需要對彼此仁慈。

主啊，請對我慈悲，讓我也可以對別人仁慈。讓慈悲的恩典常駐我心，尤其是當我開始批判他人的時候。我不想成為一個內心殘酷的人。我寧願感受慈悲的恩典透過我施予他人——並在我最脆弱的時候，接受慈悲作為回報。

28 天使就在身邊

禱詞

主啊，有時候我能夠感覺到自己踏入了天使所在的範圍。我看不見祢的神聖信使，但知道他們就在附近——非常靠近。曾經有人問我：「你怎麼知道天使就在附近？天使在身邊是什麼感覺？」有些問題是沒有答案的。我看得出來，他想要從我的答案中獲得祕方，或者密碼也說不定。這個人給我的印象就像個大孩子，渴望以某種方式能夠與神聖相遇。要是他能瞥見天使的翅膀，證明看不見的世界裡充滿了仁慈的光明守護者，他就會相信。

主啊，我不知道該如何突破人們心中的懷疑之牆。但我持續看到這種障礙在他們生命中所造成的後果。我知道這個世界充滿了天使。他們一直在看顧著他們被指派的對象……如果我們有留意到，如果我們知道的話。如果人們在恐懼或困惑的時候能夠意識到，援手就在他們身邊，那將會帶來多大的安慰。

然而，人們並不瞭解神聖的援助之道。天使必須遵守不介入原則。主啊，我花了很久的時間，才真正明白他們的任務是指引，而我們的任務是選擇。擺在我們面前的選擇，是要不要相信神聖領域的力量，讓它在我們還看不見的時候引導我們，或者在已經發生的事件中為我們披荊斬棘。實體世界中的一切都已經發生——至少從上天的觀點看起來是這樣。

一個神祕的真理是，在實體世界中我們肉眼所見的一切都已經是歷史了。我花了很久的時間才真正體會到，實體世界中的東西是我們集體選擇的結果，而非初始設定。但主啊，我正在一點一點地領悟這個真理。如果我們的選擇是基於我們所看到的一切，那麼我們就是在回應已經發生的事。真正的改變，是從看不見的世界開始……而且是從聆聽天使的指引開始。我們所需要的，是學會相信我們靈魂的聲音。主啊，還有一點，如果我的天使經常尖叫而不是低聲細語，我也不會介意。

指引

信任是種恩典，這是有道理的。沒有信任，我們就無法成長，更別提生存了。沒有信任，任何關係都無法維持。那麼對於自己的信任呢？如果你不相信自己，就無法信任其他人——永遠都無法。你不會相信人們愛你，或者他們會信守對你的承諾。

缺乏信任造就了我們現在身處的訴訟社會。訴訟是種心理流行病，造成了遠超過我們能夠衡量的痛苦。訴訟的核心是恐懼，是一個人對於從神聖信使獲得直覺指示的自然能力所感到的恐懼。我們的社會已經迷上了娛樂界與劇場所引導的天使概念，脫不了商業決策與個人關係。這個概念如果不算褻瀆，也是胡說八道。天使的指引目的是為了協助你管理你的良心、在權衡善惡對錯後做出決定，以及符合其他人類的最佳利益。天使的任務就是守護通往你靈魂的道路——而不是你的職業生涯或愛情生活。在跟你靈魂有關的事情上，你可以信賴他們的指引就是真理。

恩典

信任是我們最不可或缺的恩典之一。你可能知道自己正因為缺乏信任而痛苦——你有「信任危機」。但或許你從來沒有發現，你單純就是失去了恩典。這不僅僅是個人的危機，而是一場靈性的危機。你可以進行所有你想要的治療，但相信我，再多的治療都無法療癒信任的缺失。這需要注入恩典才能解決。為此，你需要禱告。

主啊，請賜給我信任的恩典，讓我不再害怕自己靈魂的聲音。我知道那個聲音是我與祢聯繫的命脈，即使只有感覺到一次，都意味著我再也不能否定它。主啊，請賜給我信任的恩典，讓我可以從信任內在自我開始做起。然後，我會一步一步漸漸找到通往祢的路。

29 與無神論者的對話

禱詞

主啊，不久前我遇到了一個無神論者。他要我解釋世界上所有的邪惡。注意喔，不只是一些邪惡而已，而是所有的邪惡。邪惡就是他認為祢不存在的論點。主啊，坦白說，我不明白，為什麼我會遇到這些人呢？我發誓……對天發誓，這一定是祢為我布下的局。

這個人完全是衝著我來的，火藥味十足，信誓旦旦地說如果真的有神，那麼世界上所有的災難應該都不會發生才對。孩子們不會受苦，糟糕的人也不會坐上政治大位。（主啊，我必須承認，我很想同意他的最後一句話……不過就只有一下下而已。）就在他逐一提出世間的邪惡時，主啊，我回想起了自己的童年，那時我也有一樣的想法。為什麼祢不乾脆消滅掉所有的壞人？我還記得自己九歲時這麼想。祢可以輕而易舉的把他們從地球上掃蕩一空，而我們其他人則會在第二天早上醒來，發現一切都變好了。關於人類行為的解決方法，在那時看起來就是這麼簡單。在那個年紀，我甚至認為祢可能會採用我的主意！

當這個人終於說完他所列舉的邪惡之後，他問我，為什麼祢允許它們存在。我問他，他那天有沒有說過謊？我加了一句，如果他沒有誠實回答這個問題，這本身就屬於一種邪惡的行為。他靠著椅背直盯著我看，沒有回答我的問題——讓我認定他那天至少有說過一個謊。我補充說道，說謊就是他那天對於邪惡的貢獻。由於我不知道他說謊的嚴重程度（也就是會影響到多少人的意思），他可能與邪惡深切為伍，或者只是還在拉鋸掙扎。我又追加補充，人們不想要信神，是因為這能夠幫助他們麻痺自己的良心。結果就是，邪惡的行為到處爆發。

邪惡上面充滿了人類的指紋。主啊，我不記得是誰先離席的，但我懷疑祢跟著他回家了。

指引

我們質疑神的存在，或者完全否定祂，是因為這樣的立場讓我們能夠「談論神」，而且不必矢志要依憑良心做事。我要強調良心這個詞。我們的良心跟我們的直覺系統是連在一起的。脫離神聖的領域，我們與良心的連結就中斷了，導致我們再也不能憑直覺來判斷什麼是善，什麼是惡。

關於善惡，我們有能力決定適合我們的標準。但這件事本身就是邪惡的。在生命與自然中，有些事物本質上就是邪惡的——不論我們的精神信仰是什麼。不論你是無神論者還是教徒，殺人永遠都是錯的（用我的語言來說，這是種罪），找人當替罪羔羊也永遠都是錯的。虐待兒童永遠都是犯罪。這個道理深植於我們人類的DNA中。當我們認為自己可以重建宇宙的秩序（以及善惡的本質），來符合我們個人的喜好時，就會把自己變成怪物。

有一種比我們更偉大的力量在支配著生命。這種力量基本上是神聖的，並且會透過宇宙法則表現出來。如果我們違反這些法則，就要付出代價。就是這麼簡單。對我們最好的方式，就是「保持謙卑」，成為靈性上遵守法則的人類。

恩典

謙卑是最好的恩典。在心裡時時提醒自己要保持謙卑，絕對錯不了。把你自己置身於哈伯望遠鏡送回地球的太空照片前，然後問問自己，你是否真的有資格重新設計整個宇宙的秩序。我可不這麼認為。恆久以來，兩極的平衡維持了生命的循環：光明與黑暗、陽剛與陰柔、對與錯、是與非、好與壞。平衡（而非否定）的法則是我們幸福的關鍵。我們必須學習平衡我們心中的兩個極端。每個極端都代表了全方位的神聖本質。我們具有黑暗的潛質，也有光明的潛質。我們必須在每一刻選擇自己的光明面或陰暗面。而我們都一起活在我們所有選擇的總和，也就是人類經驗之中。

主啊，透過謙卑的眼光，我能把這個宇宙看得最清楚。當我開始重新設計宇宙秩序來符合我的行為時，請提醒我，我已經遠遠逾越我的創意圈了。我會虛心受教，並且一次又一次地提醒自己，在地球上，這個祢所創造的聖土之上，輕巧緩步地行走。

30 分享祝福

禱詞

主啊，在今天早上與祢一起禱告的時光中，我意識到我一直都感受到祝福。我一直都是。然後我想，被祝福到底是什麼感覺？我把眼睛閉上片刻，看看是否能夠進入被祝福的恩典之中。我感受到無比輕盈，但還不只是這樣而已。我感受到神聖陪伴在我身邊，恩典包圍著我。出於某種原因，這傳達了一個令人感到安慰的訊息，就是一切都是應然。一切都被關照，一切都被了解。在這樣的光籠罩之下，我與我所愛的人面臨的困難似乎都是可以解決的，就好像有一支神聖的支援團隊已經在終點線等著我們了。

主啊，祝福之光無法用言語形容；它是種神祕的存在。但透過為他人禱告，即使只是在心中默禱，就能夠分享這份祝福。這道光無窮無盡，永遠不會褪色，也不會耗盡力量。今天，我會不斷地暫停手邊的工作，想著某個人，並且用祝福之光包圍他。我不知道祢那邊是怎麼運作的，但我確實知道，禱告會送達。我想像著有一束光落在我為之禱告的人身上，照進他的生命之中。

祝福之光不只是「普通的光」而已——我知道的。神聖之光充滿了活躍的神聖粒子，神聖的生命物質。但這些字句就只是字句而已。我會認出這聖光，是因為它是唯一讓我感受到無所畏懼的光芒。在這種光的照耀下，我感到生命中沒有什麼值得害怕的，也沒有什麼是不能克服的——

我怎麼可能不想跟其他人分享這樣的祝福呢？尤其是在我認識到，有多少痛苦折磨都是來自於想像中的恐懼之後。這一切，都會在這種光的臨在下瞬間蒸發。

指引

我們每一個人都需要找到在這個世界上生存的方法。生存是我們發展自我的最初階段。它引發了我們所擁有的每一種恐懼——關於金錢、社交、食物與關係的恐懼。想想看，你花了多少時間在跟你的安全和保障有關的事情上？還有比擊退支配你的生存恐懼更大的祝福嗎？恩典（或者說神聖介入）並不是像小說裡的魔法那樣發揮作用，來確保你世俗意義上的安全。跟很多人想像的相反。恩典會針對你的靈魂發揮影響力，給予你直面自己恐懼的力量，一次徹底解決。

恩典

祝福的恩典始終一直不斷地傾注在我們的生命之中。不要以為祝福會打包送來。祝福是發自內心的禮物，是靈魂的饋贈。因此，你會在生活中表現出這些餽贈。運用你所獲得的恩典，你就是改變自己生命的推手。有時候，你受到的祝福是洞察力或智慧。或者想像一下，你受到的祝福是疾病，讓你不會做出帶領你走向黑暗業力道路的選擇。祝福有很多意料之外的形式，是我們大多數人都猜想不到的。

主啊，請幫助我，讓我能將自己的生命旅程視為祝福的故事，每天展開一點。請幫助我睜開雙眼、敞開心扉，在人生旅途上沿途祝福他人。如果沒有所有這些我愛的人，我的人生將會是段漫長而空虛的旅程。請把降臨在我身上的祝福，也通過我降臨到他們身上。讓祝福灑落在那些已經住在我心中的那些人身上，也灑落在那些我還沒來得及愛，但需要這些祝福的人身上。

31 進入寧靜

禱詞

主啊，我已經很習慣安靜的生活了。要不是某個巨大的聲響闖入我的世界，我甚至沒有意識到我生活在一個無聲的環境裡。噪音讓我感覺很壓抑，甚至很痛苦。不過呢，主啊，我請求祢也不要讓我對自己居住的世界變得太過敏感。我不想成為一個必須左閃右躲的人，除非是出於我自己的選擇。我選擇安靜，是因為這適合我的創作本性。

我喜歡安靜給我的感覺。我喜歡安靜空氣中的柔軟，以及寧靜的溫柔。我喜歡周圍的空氣不會被噪音所振動。我可以放鬆自己的傾聽技巧，不用保持與外在的輸入同調，轉而傾聽自己內在的聲音。

有時候，我感覺到有一條訊息傳到我的靈魂中，確切地感覺到剛剛收到上天的悄悄話。這些訊息充滿了我的靈魂……但是用什麼充滿的呢？就是一切。有時候，這些悄悄話甚至不是言語——只是落入我靈魂的吉光片羽。聖女大德蘭曾經寫道，如果神進入了你的靈魂之牆，那怕只有一秒鐘，也夠受用一輩子。我向這個真理俯首稱臣。

指引

每個人都在尋求神聖的指引，即使是在他們不知情的情況下。我們都在尋求神聖的加持。尋找解決方法是我們的天性。當我們停下來思考：這裡發生了什麼事？或者我要怎麼解決這團混亂？我們就是在諮詢自己的靈魂。我們就是在自己混亂頭腦的侷限之外尋求建議。我們就是在尋找寧靜，從我們出於恐懼而做出的反應所造成的瘋狂中暫時休兵。

寧靜不僅僅是退入私人的空間之中，而且會帶來清晰。寧靜是從內在湧現出來的。寧靜就像一陣使人平靜的微風，會驅散你腦海中那些混亂的聲音。寧靜會滲透進你的神經系統中，平息你所感到的恐慌。你的情況會自行改變，而訊息也很明確：你可以處理這些事情的。一切都會變好的。

恩典

忠告的恩典是不會錯的，是發自內心的。神聖的忠告不是建議。你獲得的不是一個意見。神聖的忠告會以很多種形式出現，無論是別人說的話，或者是你自己給自己的忠告——在你太陽神經叢深處領會（knowingness）到一切都會變好的感覺。領會，這個日常用起來很奇怪的詞，是種神祕的工具，是神聖對我們說話的一種方式。我們會立刻體驗到意識的轉變。一分鐘前我們還不知道，然後突然間，我們感到一種絕對的自信。這不是種理性或合乎邏輯的經驗。領會並非是以事實或數據來支持的。領會是種藉由你所感覺到賦予你根除所有不安全感的力量來證明的經驗。

主啊，首先我必須學會認識到，我是如何製造自己的混亂，以及我自己的恐懼對我的選擇影響有多大。請賜給我寧靜的時刻，讓我得以接受祢的忠告。請指引我看透自己的不安全感，以及這種感覺對我在生活中所創造的一切有多大的影響力。

32 幸福是什麼？

禱詞

我總是會被問到要如何才能找到幸福。有一天（突然間，就像這樣），這個問題讓我覺得很荒謬。找到幸福？我回想起我告訴自己，要注意自己臉上的表情。我知道自己很容易把想法都確切地寫在臉上（雖然我越來越擅長監控自己了）。主啊，我做了那當下我唯一能做的事——向祢禱告：「祢最好趕快給我來一些超讚的同情心，因為我很需要。」

為什麼我會被激怒呢？這個問題看似對我一點意義也沒有。但就在我禱告後，一種排山倒海而來的感覺，告訴我需要直視提問者的眼睛。當我這麼做的時候，她如浪潮般的寂寞刺痛了我的心。我知道祢已經回應了我的禱告。我深深地感受到她的空虛，深刻到幾乎讓我心碎。

我們坐了一會兒，然後我問了她的經歷。毫無意外地，她的故事漫長而孤獨。我的靈魂用一個字衝擊了我：無害。她的故事不具有傷害性。這個女人是溫柔的。她有意識地行走在地球上，小心翼翼地不造成任何傷害。同情讓她心碎，而我看出了這一點。她迫切地需要靈魂伴侶——至少要有一個。我停頓了一下，然後捫心自問，同情心與幸福是否注定要彼此對抗，輪流讓人心碎和敞開心扉？

我發現自己希望她被所謂的幸福包圍。因此最終我說出了我唯一能想到的話。我告訴她，不要再對自己感到失望了。不要再告訴自己，她做得還不夠，沒能讓世界變得更美好。不要再告訴自己，她還不夠好。不要再自我折磨了。當折磨結束的那一刻，就是幸福開始的時候。

指引

我們不會找到幸福。我們會成為幸福，體現幸福。我們可以決定從不同的角度來看待生活。我們可以停止告訴自己，我們應該要在別的地方——那個我們永遠不可能真正到達的「別的」地方。沒有其他更綠的青草；我們所在的草地，就是我們必須細心澆灌和照顧的綠。幸福始於我們不再遠求的那一刻。然後，無論我們想去哪裡，幸福都將伴隨著我們。

恩典

同情的恩典具有強大的力量。同情不會打開你的心扉，而是會佔據你的心——然後永遠不會離開。同情這類的恩典如果沒有正確地運用，就可能會傷害懷抱它的人。別人的痛苦是你難以承受的，除非你做點什麼來減輕他們的負擔。我說這些，是要給你一個警告。同情心應該要拿來用，而不是拿來儲蓄的。

主啊，除非我願意同情自己，否則無法要求別人來同情我。我不能指望在此生獲得我自己不願給予的東西。我不認為自己是需要同情的人，但我並不知道明天會是怎樣。我不知道自己可能會面臨怎樣的挑戰，這些挑戰可能會讓我低頭（不論是具體的行為或者抽象意義上）。所以，請讓我敞開心扉，接受這神聖的恩典，讓我意識到，在某種意義上，別人的痛苦也就是我自己的痛苦。

33 恩典時刻

禱詞

今天我在公園散步的時候，看到了一場爭吵。情況還蠻糟的。一男一女對彼此發怒，他們的怒氣和痛苦脫口而出，就像是射出帶著火焰的箭矢一樣。男人怒氣沖沖地走了，最後大聲地給女人丟下一句話，說他想要結束他們的婚姻。

主啊，祢知道嗎，在這樣的時刻，說什麼都不適合——但這並不代表什麼都不能做。人們太常告訴我：「但我能做什麼呢？」或者「有人該做點什麼吧。」無助感在他們身上一閃而過。他們退縮到兒童的原型，滿心期待他們世界裡的「成年人」會為他們承擔起責任。其他人會把地球清理乾淨。其他人會照顧窮人。其他人會把世界變得更好。我就只是一個人而已。這麼多人的無助讓我感到筋疲力盡。

我們人類有很多樣貌，但無助並非其中之一。我沒有立場去介入公園那個女人的事情。但我可以送出一個尋求指引的禱告，而我就這麼做了：「祢想要我為她做點什麼嗎？」我感受到的指示是「坐在她旁邊，釋放出恩典。」我坐在她旁邊的長椅上，閉上眼睛，讓恩典進行療癒的工作。沒想到當我睜開眼時，就看見她在微笑。

恩典不是帶著魔法的仙塵。但我知道她收到了訊息，一種深刻的領悟。不論她現在即將面臨的是怎樣的風暴，她都會沒事的。她不會被擊垮的。她並沒有自己想像的那麼脆弱。她以前可能認為自己很堅強；現在，她可能知道自己別無選擇，只能相信自己。

恩典不會劇透，也不會保證事情將如何解決。一切都會根據我們的選擇展開。恩典能保證的是，在面臨抉擇時，我們將能夠靠著自己做出決定，而這些決定甚至會讓我們自己都感到驚訝不已。

指引

我們真的不需要很多東西，就能改變我們的生活。我們不需要金錢、另一個大學學位或一個背後的團隊，只需要相信自己，還有相信我們自己選擇的整體性。自我整合與個人力量並不能清除我們前途的障礙。但這種內在的力量給了我們堅持這條路的毅力，不論遇到什麼障礙，我們都能堅持下去。

恩典

整體性可能不是你所熟悉的恩典，但我們比以往任何時候都更需要這種恩典。我們現在是活在一個靈魂中以「變得完整」為生活指令的年代。我們做的、說的、想的和感覺到的一切，都內建了一個微妙的「整體論」範本。如今，我們把健康和身體視為一個完整的生命系統——一個將我們的情緒、智能、精神和肉體互相連結的系統。整體論的法則揭示了在單一個體中的會存在於整體之中，以及對單一個體所做的也就是對整體所做的。

透過整體性的力量和稜鏡來感知我們的世界，是一種遠比——嗯，像是吃得健康這類事情更大的挑戰。想要遵循整體論法則來生活，就需要進入這個詞的真正含義之中。整體論跟神聖共用同一個字根。[14] 支配一切生命的法則就是神聖。一切都是一體的，所有的生命都一起呼吸。成為完整的恩典，事實上就是認識與理解你內在所有神聖力量的恩典。

主啊，請賜給我恩典，讓我成為一個完整的人，讓我認識到在我內心裡，以及在其他人內心裡與所有神聖同在的力量。透過神聖的鏡頭，很容易展望生命的整體。

14 譯註：整體論的英文是wholism，神聖則是holy，兩者在英文裡有相同的字根holo (hol-)，意思是整體。

34 勃然大怒

禱詞

主啊，我承認自己其實不知道世界到底發生了什麼。但即使如此，有時候我還是會因為人類的殘暴、因為我們如此傷天害理的無盡貪婪和殘酷，而忍不住感到怒火中燒。人們真的相信，有錢能使鬼推磨，甚至可以多買到一天的生命嗎？老實說，我認為他們真的相信；不然他們為什麼會這麼汲汲營營？人們是否永遠不會懂，再多的俗世權力也無法為他們增加多一口的呼吸，或者幫他們治療絕症？

這些想法足以讓我陷入自以為是的道德優越感。當這種情況發生的時候，我該怎麼辦？我發現，對你大吼大叫是沒有用的。我最愛的聖人聖女大德蘭也曾被激怒——補充一下，就是對祢動氣。我現在想起來，以前我有這種感覺的時候，曾經看了她的一本書。毫無意外地，我設法找到了她對祢表達失望的一小段話。她告訴祢，要麼別管我們，要麼療癒我們。然後她停了下來，注意到祢給了我們所有武器中最強大的一種：禱告。大德蘭相信，禱告是所有工具中最強大的，能夠改變世界，改變我們自己。噢，她是多麼信任祢！

不知道為什麼，這位聖人的恩典滲透到了我的靈魂之中，彷彿她就是我的守護者。我認為禱告的運作方式可能就像網際網路的傳播一樣，不同的地方是，發生的場域是在內在網路，也就是靈魂網絡上。我們可以同時向數百萬人發送充滿光明的勇敢且具啟發性的想法，但其中沒有任何一個人會知曉。他們只會覺得自己需要暫停片刻、深呼吸，然後釋放積累已久的壓力（不釋放的話，可能會導致他們用負面的方式行事）。而就在一瞬間，世界的氣氛發生了微妙的變化。這樣看來，禱告就像是靈性上的順勢療法。因此，我應該要遵循大德蘭的指示：先對你大喊大叫，然後在禱告中俯首。

指引

假如我們想要等待周圍的世界變得合理，可能要等非常久的時間。現實世界永遠不會是寧靜和平、公平公正的。為什麼呢？因為出於某種原因，我們無法抗拒彼此爭鬥的衝動。我們無法想像在不發脾氣的情況下交流。我們覺得自己需要時不時地對這個世界怒吼，只因為我們身邊發生了很多不必要的苦痛。如果我們真的需要證明禱告的力量，那應該就是（基於人性較差的品質以及我們的數量）我們仍然有辦法生存下來這個事實。我們居然還沒有用核武毀滅自己。一定有某種比我們更偉大的力量在背後支持著我們。

恩典

假如我們曾經需要過神聖介入的恩典，那就是當我們感到憤怒滾滾而來的時候。你有多常經歷過差一點爆炸（差一點說出很糟糕的話），然後突然聽見一個聲音：「小心——三思而後行！」或者「快離開——現在！」但你很少會停下來思考：咦，是誰在跟我說話？而會直接按照指示行事。你甚至可能沒有意識到，你正在回應神聖介入——從你最黑暗的潛質中拯救你的指引。如果你遵從那個建議，就會不可避免地在事後記住它。謝天謝地我沒有說出那些差一點說出口的話。感謝上帝，我走出了那扇門！

同樣地，那些沒有聽從建議、反而屈服於自己最黑暗的衝動的人，可能會將那個時刻當成是自己生命中最深的遺憾。神聖介入的恩典會透過這樣的相遇表現出來；在你想要做出的負面行為中直接爆發出一個詞或一句話，讓你突然改變方向。當下你最糟糕的衝動沒有展現出來，而事後當你回想起來，將會帶著感激和驚異之情。

主啊，請讓我避免用最糟糕的本能來行事，尤其是在我最失控的時刻。請提高我的感知，讓我能辨認出神聖介入產生的火花，我才能暫時停下來，更深刻的去聆聽對方的想法，不會因為恐懼而反應過度，並且做出有智慧的選擇。

35 創造的黑暗面

禱詞

所以祢透過一個夢回答了我對於禱告力量的疑問——惡魔在夜間的來訪。我這一生從來沒有懷疑過禱告就是力量，一次也沒有。但這個夢讓我看到恩典和我們的禱告是怎麼一起運作的，還有我們為什麼必須禱告。我沒有意識到，我們集體禱告的力量會流經主宰創造的祕密法則，用這種方式影響地球上展開的實體活動。每一個正面的人類行為都會產生恩典，就像禱告一樣。每個舉動不論如何都會以某種方式被解讀——一個行為背後的意圖，或者是正面的，或者是負面的。

在我夢裡，我看見自己內心的惡魔在笑我目睹了恩典和仇恨之間的競賽。仇恨收集了精神上的自由基，將它們都丟進宇宙大小的活火山中。炙熱的熔融岩漿湧入千百萬人的精神場域，加深了他們的恐懼，摧毀了他們作為人的基本意識。與此同時，恩典則向群眾傾注了沁涼且閃閃發光的解藥，試著安撫熊熊燃燒的火焰。

可惜的是，岩漿的移動速度比恩典的提供速度還要快。「我已經贏了，」惡魔一面說，一面在我面前關上地獄之門。即使是在夢中，我也想著：就像你一樣……就像你宣稱你已經贏了一場實際上還沒有贏得的勝利一樣。

指引

邪惡是靠著人性的弱點而存在的：恐懼、自負、脆弱，以及對邪惡本身的懷疑——不相信邪惡的存在，還有不相信邪惡對我們生命的影響力。然而光明具有宇宙規模的幾項好處。邪惡永遠無法徵召勇敢的人；光明則總是能夠如此。邪惡會被懦弱的人所吸引，因為他們是最容易控制的。他們的靈魂最容易利用。

勇敢虔誠的人不會把自己的價值或人格拿來交易。他們對於邪惡是沒有用處的，因為他們無法成為邪惡的奴僕。另一方面，貪心、軟弱、依賴的人沒有自我價值感，是邪惡計畫中的主要候選人。他們連自己都不珍惜，更不用說其他人了，因此用錢就可以收買他們。他們會為了金錢和權力說任何話、做任何事。最重要的是，這些人承受不起相信有邪惡的代價。假如他們相信了，就不得不取下家裡的每一面鏡子。

恩典

保護的恩典是真實的，也是必不可少的。就像在實體世界中我們在很多方面都需要保護來避免危險一樣，我們也需要保護來避免微妙領域（subtle realm）[15]的影響。所有偉大的靈性大師都知道這個真理。我們最大的敵人是無形的：我們的恐懼和他人的恐懼、我們的弱點，以及我們經

15 譯註：微妙領域指的是意識的非物質領域，充滿了與物質領域並存的生命和能量，像是自然精神、天使智慧、死去人類的靈魂等。

常在內心裡告訴自己的那些不真實的黑暗敘事。每個人都需要保護的恩典。想像你自己身處於城堡中，然後把這種恩典當成拉起護城吊橋的力量。

請帶領我遠離誘惑，拯救我脫離邪惡。[16] 請讓我不要受到我自己看不見的黑暗所影響。請庇護我，主啊，不論白天或黑夜。請讓我留在祢恩典的領域之中，緊緊擁抱我，就像祢擁抱善良與光明一樣，安全地遠離地球上確實存在著的黑暗。

16 譯註：改編自《馬太福音》6：13，原文為「不要讓我們遇見誘惑，救我們脫離那惡者」（And lead us not into temptation, but deliver us from the evil one.）。

36 主啊，我捫心自問

禱詞

主啊，現在有好多需要幫忙的地方。無論我看向何處，都有人需要幫忙。前幾天，我把錢給了一個站在馬路中央乞求幫助的女人。在我開車駛離現場時，一面為她禱告。她的臉上有瘀青，散發著恐懼和驚慌。於是我問祢：「祢有看到她嗎？請幫幫她，主啊。幫幫她。」

就在繼續開車回家的路上，我可以感覺到自己因為恐慌而心跳個不停。我想要停在路邊，流淚、禱告，並祈求祢給我一個徵兆，讓我知道事情會好轉——很快的，不久之後，或者是明天。但就在我有這樣的想法時，下一個想法就落到了我心裡：進入更深、更底層的靈魂之中。祢已經回應我了。

轉變是一段漫長的旅程，一個嚴酷的考驗，而且過程總是痛苦的。我知道多年來祢一直透過我們直覺的線路向我們發送警報，預示我們有什麼事情將要發生。我曾經跟很多人聊過，他們都說到自己可以感覺改變即將來臨——例如氣候變化，或者其他的事情。但我認為，或許他們從來都不相信有什麼會真的發生。

那麼我們現在要怎麼辦？我猜我們應該要提升自己，改變那些對我們沒有幫助的部分。我們會變得比現在更好。我們會用分享代替囤積；用愛代替恨；用施代替受。主啊，在未來的這些時候，祢將不得不做出一些重大的神聖介入，來幫助我們所有人度過眼前等待我們的挑戰。我知道將會有很多的挑戰來臨，假如人類有一段時間會需要勇氣與同情心的神聖魔力，那就是此時此刻。

指引

我對於上天怎麼運作有足夠的了解，因此知道神聖介入會發生在當我們耗盡我們的資源，或者當我們發現自己因為自己的無辜或缺乏意識而陷入困境的時候。天知道有多少次我們都在不知不覺中從災難中被拯救出來。我們永遠不會知道，因為上天是我們看不見的盟友。在未來的幾個月（也許是幾年）內，我們都會獲得大量的機會，來尋求幫助，或者提供協助。而當我們為他人服務時，或者我們自己需要他人的同情時，正是恩典的力量，讓這種神聖的魔力發生。

恩典

所有的恩典都很強大。恩典是種無聲的神祕力量，對我們的生命洪流產生微妙的影響，而且總是用改頭換面的方式來進行。恩典常常會融合在一起。愛、信任、希望與信仰經常是交織在一起的，因為它們都建立在彼此之上。勇氣與同情同樣地都會在我們內心裡產生一種神聖的魔力，啟發我們勇敢大膽地為他人謀福利。勇氣與同情不是用結果來衡量的。幫助一個人所需要的勇氣，通常跟幫助十幾個人或上千人需要的一樣多。但由勇氣與同情所產生的神聖魔力，會激勵你為了他人而跨出安全區，而這或許是你人生中第一次這樣做。

主啊，請賜給我勇氣和同情心，讓我能夠在這些混亂的時代中安然度過席捲我生活的風暴。請幫助我知曉如何應對，如此一來，我就能防止自己逃跑。我需要一次又一次牢記，所有的生命都一起呼吸，以及存在於一個人內心的也存在我心裡。他們的困境很容易就成為我的。因此，請賜給我勇氣和同情心，即使在我眼前只看見風平浪靜的時刻，也一樣需要。

37 告求理解與寬恕的恩典

禱詞

主啊，今晚我對於理解的恩典充滿了感激。因為就在我祈求這恩典的那一刻，就感覺它傾注於我心。我不知道自己為什麼會遇見這些人，但我不再質疑。現在我認定我們所有人都一起呼吸。絕望是不會弄錯的感覺，是我們無法假裝或掩蓋的其中一種情緒。絕望有一種感覺（一種振動），是不會混淆的。我想知道，那是否就是靈魂在呼救時發出的聲音。

我請求這個人告訴我他痛苦的來源是什麼，但他卻說不出來。主啊，我很少看到像他臉上那樣的痛苦。我一跟他坐在一起，就感覺到天使圍繞著我們。在天使臨在所帶來的微妙且易感的寧靜場域中，我持續保持警醒。我請求他告訴我，他腦袋裡在想什麼——然後我意識到他的腦袋一片混亂。它已經變成了一個充滿恐怖的空間。我想知道，他目睹了什麼，或者做過什麼？我請求賜予我理解的恩典，讓我知道自己需要說些什麼來幫助他。

我聽見了死亡這個詞。我問他是不是想要談談死亡。他的眼睛蓄滿了淚水，一面說：「不，但死亡一直在對我說話。他們都是。」他曾經在另一個國家當過傭兵，而現在，他被那些他殺死的人所糾纏。他告訴我，有一天晚上，他經歷了一次瀕死經驗。他在自己房裡跌倒，頭部受到的重擊讓他一時失去了生命跡象，時間長到已經有一道光護送他離開身體。主啊，我設想這應該是你計畫好的。他說他殺死的每個人都在向他打招呼，但卻沒有一絲一毫的憤怒。他們帶著滿滿的愛而來，告訴他不要再殺人了。而他的確這麼做了。然而他說，現在他無法原諒自己。我告訴他，我需要把他交給祢。顯然，上天認為他值得拯救；不然怎麼會讓他跟自己傷害過的人有這麼深刻的相遇？

主啊，一如既往，我認為我會跟這個人在一起，是因為我需要幫助他——而事實正好相反。隨後他說：「你知道嗎，你不會知道恨有多麼痛苦，直到你體驗了愛。然後你就會明白，你是怎麼利用仇恨來對任何人為所欲為。當你心中有恨時，永遠不必去考慮別人。另一方面，愛則會迫使你把其他人放在第一位。但即使如此，你仍必須找到一種方式，來忍受你對這麼多人做過和說過的可恨事情。更不用說那些你對自己做過的事了。寬恕真的能治好這種程度的罪過嗎？」

我告訴他，祈求寬恕通常是有機運作的（逐步提升和修繕靈魂），但需要時間。我說除了這個，他唯一的選擇，就是陷入自我憎恨和悔恨之中。我補充說，在我們的人生旅途中，有時候我們會需要其他人的幫助，才能從自己的選擇中找回自我，重新振作起來。我建議他找到那樣的幫助，並繼續他的任務，因為上天顯然正在看顧他的旅程。

指引

我時不時會因為跟另一個人的相遇而吃驚。有時候是因為他們是誰，有時候則可能是因為他們的舉止。不過通常是因為他們所相信的事。我很習慣聆聽人們分享他們的個人歷史，通常，他們身上發生的事情，比他們自己做過的事讓我更感到震驚。

不過，這一次，我不是在跟受虐者交談。這次在我面前的，是加害者。他正在試圖清空他靈魂中恐怖且深刻的傷口，這些傷如此之深，以致於他幾乎無法說出口。然而，在這個世界上，侵略者與被侵略者、窮人與富人、有發言權與沒有發言權的人，都在不停地彼此進行權力鬥爭。

這是一場原型戰爭，在多元的層次上發動——從實體層面到心靈層面。有錢人害怕窮人會藉由教育而崛起，最終會稀釋他們的權力和財富。因此他們退回到對他們的負面印象中，以避免愛啟發他們採取慈善的行動。窮人看到了壓迫；那並非他們想像出來的。從這樣的原型戰場中，出現了傭兵、戰爭與革命。我們需要神聖介入，來打破我們內心裡對於他人的恐懼與謊言所建築的障礙。

毫無疑問地，我們不是真正的傭兵。但我知道，我心裡懷著對他人的恐懼，而這些恐懼讓我形成了對他們無情的看法。無情的意見會導致無情的選擇或想法。別忘了，所有的生命都一起呼吸。

恩典

理解的恩典是非常細緻的。這種恩典會打開你的心扉，讓你可以運用內在天賦，幫助他人釐清或檢視他們看似遙不可及的靈魂問題。原諒是種神祕經驗，而不是智識上的經驗。頭腦無法進行寬恕的行為；只有靈魂才能真正放下。頭腦會渴望復仇，並希望侵略者最終會認知到你的痛苦。自我被這種渴望緊緊束縛，讓一個人幾乎不可能做到原諒。對於一個被屈辱沖昏頭的腦袋來說，寬恕根本毫無道理可言。這是一種恩典，這種恩典的力量會迫使我們用某種方式行動，而這種方式有時會讓我們的頭腦感到困惑。我們可能甚至不明白自己怎麼能原諒某個人，只知道必須這樣做。

主啊，請讓我獲得理解與寬恕的恩典——讓我可以打從心底受到這些恩典的啓發，用這些恩典來幫助他人。

38 道之道

禱詞

主啊，我必須承認，有時候我希望祢更加前後一致——至少按照我的定義來看。我希望祢一旦決定我應該在平靜無波的水域或驚滔駭浪的大海中航行，就維持這個決定，而不會在同一天把兩者都帶進我的生活裡。如此一來，我就可以有萬全的準備，不必擔心除了我正在航行的海域之外的其他事情。

當然，經過仔細的觀察後，我意識到這是多麼愚蠢的願望。畢竟，不論是哪個船長，只要在平靜的海域航行太久，就會變得粗心大意，失去迅速、敏銳、靈敏的反應——這些讓他一開始成為優秀船長的生存本能。是暴風雨，而非風平浪靜，磨練了我們的本能。在陽光下打瞌睡是學不到任何東西的。但同樣的，也沒有一位船長可以永遠在風暴中航行而不會累死。我越來越明白，這種從混亂到平靜的生活，才是完美的設計。成為一名睿智的導航員，是我面臨的挑戰。我正在學習，雖然心在風暴中，但思緒仍能清明——或者有時候正好相反。

如果上天是什麼，它就會是一致的。它就是道。我們是自己人生的領航員。我們對於天堂之路之所以會感到疲憊，是因為我們的期望和無止盡的不安全感，主啊，這是我經歷過一次又一次所學會的。我們想要某種風（就是那種來自於天上的神聖微風）來為我們掌舵，如此一來，我們就可以辨別水流、方向，以及我們的預計到達時間。而或許最重要的是，我們渴望能夠確認，上天正在控制風的流動。那麼我們就不再會因為恐懼支配的想像，受到「未來可能在某個地方發生某件事情」的折磨。

然而，在我靈魂的靜止狀態中，最終總是會聽到或感覺到持續的恩典，告訴我「一切都井然有序」。

我無法編造出那種感覺。我承認，有時候我也希望自己能夠編造出來。有好多次，我想要逃離那個聲音，以及它所代表的至高無上權威——但哪裡有地方可以逃離祢呢？就是那個聲音，那個內心神聖的存在，我最終還是會向它尋求幫助，甚至是逃離所需要的幫助！

真相是，我必須學會盡力度過每一場風暴。我必須信任神聖的混亂與神聖的平靜同時存在的方式，因為主啊，祢就是整片海洋。

指引

沒有黑暗就沒有光明，沒有悲傷就沒有喜悅，沒有惡魔就沒有天使。我們不可能只擁有生命的一個面向，無論我們有多希望是這樣。我們無力挑戰自然的設計，儘管我曾經聽過人們有不一樣的說法。他們是我們所有人中最害怕的，通常也是在生命中有最多東西可以失去的。因此，他們會抱持著這樣的幻覺，那就是他們只需要認定黑暗不存在，就會成為事實。那麼，他們應該拿黑夜怎麼辦？叫它走開嗎？

我們需要夜晚。我們需要退回到我們的內心、我們的潛意識中——我們自己未知的維度。我們需要夢，也需要接觸看不見的國度。我們是天界的生物，只是暫時造訪凡間而已。我們只有在白天會忘記這個真理。

恩典

我們是受到平衡法則支配的生物。平衡的恩典就內含在這個法則之中。當我們在憤怒中爆發，或者在憤怒的情緒中停留太久時，就可以感受到這種恩典進入我們心中。還有，當我們處於高度想像的狀態，卻沒有把我們的願景跟腳踏實地的選擇相結合，來開啟創造的過程時，也會感受到這種恩典。如果沒有腳踏實地，我們就會持續對於毫無用處的想法「飄飄然」。

平衡的恩典是不會有錯的。就像是一個長長的深呼吸一樣，這種恩典突破了憤怒和天馬行空妄想的束縛，就好像把你從詛咒中解救出來。平衡的恩典把你帶回到自己的中心點，就好像在說：「抓住你自己。再試一次。好好想清楚。」在遇到這個恩典後，有多少次我們會聽見自己說：「我剛剛到底在想什麼？」

主啊，請賜給我平衡的恩典。讓我一直跟自己內在的本質保持連結，如此一來，我才會發現自己在什麼時候失去平衡：當我偏離的太遠，深入自己熟悉的黑暗領土之中，或者相反地，深入光明之境——因為我不知道要如何安全地吸收這麼大的能量，那可能會讓我盲目。

39 療癒的夜間飛行

禱詞

主啊，今晚請派遣祢的療癒天使到我身邊。護送我離開軀體，進入療癒的國度。願他們能修補我枯竭的靈魂、困乏的身體，以及負累的心。願他們清除我腦袋中的幻象，喚醒我為了看清自己所需要的一切——我自身的行為，以及我內在需要修復的一切。就在天使療癒我因為自身的侷限而無法療癒的一切時，讓我在天界的靜默中休息，在天使的陪伴中平靜。讓他們的療癒恩典存留在我的系統中，用洞見照亮我的思緒，用愛照亮我的心，用毅力照亮我的身體——如此一來，我就可以在我的道路上繼續奉獻。

請在我休息時守護我，在我睡眠時陪伴我，保護我不受黑暗的侵擾。請讓我在沉睡中仍牢記著，我總是被祢照看，被祢照顧。請將祢的愛與療癒的恩典照耀在我所愛的人以及全體人類身上——那些每天都跟我分享生命旅程的靈魂。我將我的靈魂託付給這夜間的旅程，因為我知道，在黎明前，我將回歸到自己的軀體之中。

指引

有一個天使的療癒國度。治療是他們的任務，也是雙向的事業。上天不會幫你做你應該自己做的事。上天不會療癒你的黑暗面——那取決於你。如果你尋求幫助，希望變成一個更完整的人，就會得到整體性的恩典。如果你尋求變得更慷慨，慷慨的恩典就會傾注在你身上。然而，如果你帶著保持自私和欺騙他人的目的醒來，就不要想像你經歷過偉大的療癒。上天不會讓我們僥倖逃脫，但會幫助我們完成我們所要求的一切。

聖女大德蘭曾概括地寫道，通往靈魂的路，也就是通往神的路，就是自我認知的道路：知道你自己是誰，以及什麼是你的動力來源。你搜尋黑暗，一直到再也找不到更多的黑暗，然後允許光與你對話。我們害怕光，是因為我們認為，與光的連結會讓我們失去與實體生活的連結。我們有這樣的恐懼（以及黑暗的信念）：為了要能夠滿足肉體、性慾、感官，以及獲得愉悅，我們需要避免和靈魂建立明確的關係，才不會被強制過著清修的生活。這全都是胡說八道——完全沒有道理。

在我的經驗中，人們唯一會想要任何一種類型的靈性介入，就是在他們重病的時候。否則，他們會想要跟神「保持距離」，讓他們的黑暗面適度地運作。他們希望能夠持續「不嚴重」的黑暗行為。但有意識的黑暗行為不可能不嚴重。總會有人受傷（可能是你自己，也可能是你所愛的某個人），而故意傷害就是所謂罪的定義。世上沒有微小的惡行，就像世上沒有微小的善舉一樣。

恩典

人們並不熟悉覺醒的恩典，儘管我們經常談論到它。覺醒是種略低於頓悟的經驗——一種靈魂進入光明的爆炸。這是一種突然發生的內在啟明，讓你從不明白某個教義或事件的神祕意義，轉變成完全理解。在覺醒的那一刻，沒有什麼是微不足道的。因此，覺醒的恩典是個人啟明的深刻體驗。你會體驗到一種對自己的深刻洞察，就像靈性上的深度充電一樣，讓你對靈性生活的理解發生非常深刻的永久轉變。

主啊，請賜給我覺醒的恩典——真正的覺醒，以及擁抱那種神祕經驗的勇氣。

40 有機的神性

禱詞

我不記得曾經感覺與自己內心的神聖牽引分開過——不曾真的分開過。我不確定是為什麼一直以來，我都為了自己屬於哪裡、接下來要做什麼而掙扎著，但我從沒想過，主啊，祢在指引我前往人生的下一個階段時會犯錯。我確實從未想過。我想我生來就有一種非凡的渴望，想要找到進入神聖領域的道路，就像尋找祕密花園的任務一樣。或許，這就是為什麼指引交織在我的生活中。我領會到祢具有一個有機的聲音。祢指引著我們通過自己本性的道路。

我還記得朋友們讓我很困惑，因為她們在遇見另一半之前，就已經知道自己會成為母親了；可以肯定，母性確實是她們天性很自然的一部分。這對她們來說是有機的。我從來沒有那樣的有機脈動指引著我，因此我遠遠地觀望著母性，卻從未渴望生小孩。我渴望產出書籍，在紙上創造文字，將激發我想像力的願景具體化。每個人都渴望他自己自然的道路，依循他本性的道路。祢就藏身在那條路上。在那個內在迷宮裡，充滿了指引。我們渴望知道，自己此生應該產出什麼：我們應該創造什麼、實現什麼。

我深深地相信，我們每個人都渴望自己變成一個完全的整體。我認為分散渴望的消遣——東西、酒精、藥物，都是我們逃避與自己本性力量相遇的方式。但這種本性的力量，是最終隱藏在我們骨血中的祢。沒有任何方法來逃避這種相遇。不論如何，我們注定會相遇。

指引

為什麼分散渴望的消遣永遠不能真正滿足我們？為什麼大多數分散渴望的消遣，最終都會以某種方式傷害我們？這是有原因的。它們使我們負債累累、損害我們的健康，或者讓我們的關係失衡。我們在自己的利益上渴望太多的關注，或者吃得太多，或者花太多時間用電腦或看電視。我們把注意力放在哪裡，就宣告了我們對自己真正的需要有多了解，以及我們對於自我照顧也包括其他人這件事有多清楚，因為那也包含了我們自己。

最終，所有的道路都通往單一的認識：除非你用自己真實的樣貌生活，否則就會對於沒有這樣生活而心懷怨忿。你會找到懲罰自己或他人的方式，來表達自己持續不平衡狀態所產生的憤怒。這也是有機神性的一種表現——你的靈性不會讓你休息，直到你有足夠的意識來認識到這些分散渴望的事物。只有這樣，你才能選擇不去從事這些消遣。

恩典

清晰的恩典會像閃電一樣打中我們。就像這樣，我們對某件事物的理解發生了轉變，就好像光明的火花被點燃，照亮了我們之前從未考慮過的想法。在那一刻，我們經歷了一種清晰，穿透我們存在的每一個細胞組織。這就是這種恩典的力量。

主啊，請賜給我清晰的恩典，尤其是在我在困難中看不清道路，或者當我因為自己混亂的思緒而感到迷失的時候。最重要的是，請幫助我依循這個恩典的方向行事。

41 意義與目的的好奇二三事

禱詞

我生命中有什麼是不具有意義和目的呢？我就是為我所做或所見的一切帶來意義的人。我為自己所有的任務賦予目的。沒有什麼事物本身就具有意義或目的。我就是那個做決定的人。我決定，園藝對我而言是種高雅的行為，能與大自然共渡時光、分享種植種籽的親密體驗，以及參與生命循環。我不會跪在地上挖土。我會懷著感恩的心把手伸進泥土裡，充滿驚奇與敬畏：我在這片肥沃的深色土壤中種下蔬菜與花朵，大地就會孕育出這些小巧卻堅韌的植物作為回報，然後，我的花園就會再次綻放，成為驚豔璀璨的活花束。

對我而言，沒有什麼比孕育生命更有意義的事了，不論是用何種形式。主啊，假如目的不能透過這件事來體驗，那要從什麼來體驗呢？透過傳遞知識、花時間陪伴、或者關心地球來養育他人，都是有意義的。我從來不曾覺得專心陪伴另一個人是沒有意義的事。知道我是賦予自己生命意義與目的的人，就像是發現了生命本身的祕密一樣。

指引

我已經數不清我遇過的人中，有多少正在追尋意義和目的，卻不知道該去哪裡尋找，甚至不知道他們在尋找什麼。「意義和目的」究竟是什麼樣子呢？他們想知道，這樣的探索是否需要搬家或者投資大量的金錢下去。

我們是自己生命中所有具有意義和目的的一切的推手——為什麼這個真相會讓我們感到如此不安呢？我們透過選擇來決定，我們將全心全意地完成一項任務，或者相反。敞開心扉去做別人要求你做的事，或者你必須做的事，實際上就是活生生的禱告。這是一種向上天表達的方式，告訴祂沒有任何對你的要求是微不足道的，即使手中的任務不符合你的虛榮心，你也不會認為把它放在你的世界裡是神聖的一項錯誤。你的整個生命都變成了一個充滿意義的謎——而不再是對於目的永無止盡的找尋。

恩典

奇蹟的恩典就像是收到一股幸福的暖流。奇蹟的感受會讓你昇華，進入敬畏的體驗，不再因為有什麼看起來不合適或不公平而擔心。有什麼東西能夠像盛開的玫瑰一樣完美？星辰不再是星辰，霎時間化作夜空中閃爍的鑽石，倏地顯露出宇宙非凡之美的驚鴻一瞥。在奇蹟的恩典打開你的眼界之前，夜空就只是夜空而已。但透過恩典看見夜空時，宇宙正在對你說話。而出於某種原因，你明白自己是這個宏偉廣闊又充滿活力的宇宙的一部份。

每件事物都有意義，每個人都有目的。創造的無形絲線將我做過的一切都聯繫在一起，但我看不見。所以，我祝福自己所做的一切，並安住在奇蹟的恩典中，這個恩典就是，我連結到生命的整個結構，而這個結構又會連回到我身上。

42 共同創造的力量

禱詞

我用我的靈魂創造了什麼？我需要更加留意它所包含的力量。每一個一閃即逝的愛、恐懼、快樂或憤怒，都會產生一個創造性的後果。現在，我觀察到，在我經過一個陌生人身邊時，一個微笑會激發的反應。就在一瞬間，就在我傳達出我沒有威脅性的無聲訊息後，我們周遭的氛圍就發生了轉變。而對方回應的微笑也在告訴我：「我也沒有喔。」突然間，整條街道在我眼中看起來就像是接上了恩典的電源。我們倆的微笑突然改變了氛圍——就在彈指間。主啊，我們是怎樣的奇蹟！

我真心對於靈魂如何與神祕法則一起運作感到敬畏。業力告訴我們，善有善報，惡有惡報。耶穌說人種的是什麼，收的也是什麼。[17] 佛陀則談到輪迴。我認為假設我們對自己的選擇必須負責是明智的——不然難道還有其他的解釋嗎？我們天生就會記得自己的選擇，感受自己的選擇，用內疚感牢記那些我們後悔的選擇。如果不是注定要從錯誤中學習，我們就不會用這種方式學習。

17　譯註：出自於《加拉太書》6：7。

我想像當我離開地球時，我所擔心的一切，以及現在看起來很重要的一切，都會煙消雲散。我將意識到，所有這些壓力與擔憂實際上是多麼微不足道。等到我脫離肉體的時候，回應的時機就已經過去了。主啊，想到那一刻，是種超脫世俗的祝福。我負擔不起把生命的珍貴禮物浪費在瑣事上。我不會把其他人或生命的黑暗面放在心裡。我不想要那樣的能量驅動我所做的選擇。在我離世的時候，我希望自己變得越來越超脫。每一年，我都想更清楚聽見祢在我內心的聲音。如果這一生是關於共同創造的話，就讓我們全力以赴。如果有什麼變糟了，主啊，我就只會怪祢。開玩笑的啦……

指引

在我二十歲的時候，我做了一個夢，夢中的我被帶到二十年之後，也就是我四十歲的時候。我懷疑，這個夢之所以會出現，是因為我沒有獲得我努力想達到的編輯職位所致。我萬念俱灰，並且就在二十歲時認定了我這輩子注定要失敗。在夢裡，我意識到自己已經「四十」歲，然後被指示去回想當我「回到」二十歲時，讓我感到非常困擾的事情。我說我完全不記得了。然後我聽見一陣笑聲，告訴我醒來以後也要記得，在很久以後，我就會記不起現在困擾我的是什麼了——而我真的記住了。

這些年來，我數不清有多少次重溫那個夢，也已經過了四十歲的年紀有一陣子了。它成為了我一輩子的指引。當某件事讓我煩心的時候，我就會把自己向前投射，然後問自己：「一年後我還會記得這件事嗎？兩年後呢？」如此一來，我就能在當下做出反應。（最終，我會用完可以向前投射的年紀——哈哈！）我把這個經驗分享給你，作為智慧的神聖恩典，就像很久以前我所體會的一樣。

恩典

智慧能夠受用一輩子。點滴的智慧，就能夠跨越你一生的距離。智慧是你可以尋求的恩典之一。閱讀充滿智慧的書籍，然後吸收它、浸淫它、反思它。讓（受到天使啟發的）先人的智慧指引來給你啟發。

請讓我擁抱智慧，不論它是用什麼方式來到我面前的——由長者說出的話語、孩子的需要，或者朋友的回饋。

43 空氣中瀰漫的恐懼

禱詞

主啊，我可以感覺到空氣中瀰漫著好多恐懼。所有的生命都一起呼吸。如果我們靜靜坐著夠久的時間，並透過我們靈魂的門戶傾聽，怎麼可能感受不到彼此呢？所有的生命都一起不斷地在改變。現在對我來說，沒有比這個更顯而易見的道理了。不尋常和不熟悉的改變，如今正在滲透進我們骨血之中，滲進我們的精神與靈魂裡。

我知道，主啊，我們經歷了人類歷史上最為破釜沉舟的時代。這是多麼值得活著的一刻。而我們是這個能量領域的新手。地球不是新的，但我們正在轉變成一種新型人類，一種可以看到、聽到、感知到與感覺到的人類。主啊，我認為我們正處於靈魂覺醒的時代。我深深相信，一旦人類意識到我們靈魂的力量，這個世界將會非常不同。

有時候我會想，如果一個人可以號召人類內在網路的療癒力量，動用幾百萬、甚至幾十億人的禱告力量直接導向一個靈魂，那個人被療癒的速度會有多快。或者導向一個肇因，來結束一場衝突。我們都是創造我們所經歷事件的推手。

主啊，人們總是談到共同創造他們的實相。如果他們真的了解，並憑藉那股神祕真理的力量而活就好了。我們確實是一體的。

指引

你的每一次呼吸，都包含了這個星球上每個人的呼吸。這是個神祕的真理，而非字面上的意思。不過，我們所呼吸的氧氣裡，的確充滿了來自於世界各地的粒子，還有盤旋在這個星球每個大陸上的空氣。我們吃來自於其他國家的食物，這些食物都是從混合了當地人堆肥的土壤中成長的。大自然的驚人之處，就在於她會回收再利用……嗯，我們，以及大自然的其他部分。所以我們也會透過能量系統回收我們人類同胞的情緒碎片，又有什麼好奇怪的？而我們的確這麼做了。

我曾經多次跟學生分享這個神祕的真理，觀察有多少人用極度恐慌的態度來回應這個啟示。「我該怎麼辦？我該如何淨化自己？」我不得不笑出來。你認為一些有機蔬菜就能夠把你從生命的基礎設計（萬物合一）中分離出來嗎？正如我跟很多人說過的，我的建議是，當你感到焦慮和壓力在你的能量系統中累積時，不要認為這些一定是你的。你可能正在納入集體的焦慮和壓力，呼吸我們所有人產生的集體精神自由基。而透過禱告所產生的恩典，就是解藥。

恩典

療癒的愛的恩典是集體壓力與焦慮的解藥。療癒的愛也是療癒你個人壓力最有效的恩典。壓力是個非常現代的用詞，是對於各種刺激的統稱——從我們想要卻無法對憤怒做出反應，到無法控制局面，再到無法總是事事盡如己意。當你生命中力量的平衡不再是對你有利的時候，你就會感到壓力和焦慮。你自己內在敘事（inner narrative）的黑暗面（以及認為事情失控的集體共同敘事〔collective narrative〕）會告訴你，傷害即將到來。我們個人的恐懼會助長那樣的集體敘事，反過來導致更強烈的恐懼反噬我們。

療癒的愛有一種近乎奇蹟的方式，可以將你從這個循環中解救出來。療癒的愛可以打破負能量流，並且對於那些你確信再也不會喜歡、更別說愛的人，重新燃起愛的餘燼。療癒的愛是種可以將過去傷痛一筆勾銷的恩典。這是我們用頭腦無法做到的事情，儘管我們是靠著頭腦來提供自我保護的策略。而療癒的愛只有一種策略：讓愛療癒。

主啊，請讓我成為療癒之愛的管道，讓這份恩典透過我擴散到四周。即使是最輕微的焦慮跡象，也要讓這份恩典湧入我心，淹沒我心中如爬蟲類一樣升起的恐懼。所有的生命都一起呼吸，因此，主啊，所有的生命都一起被療癒。

44 臣服於祢的掌控

禱詞

主啊，請幫助我有意識地留在恩典之中。在我生命中的每一刻，我都參與了創造的舉動。每一個想法、每一種感覺、每一種感情都會產生一個結果——下一個想法、一種情緒、一個選擇。意識到我是一個活生生、會呼吸、具有無限創造力的生物，是個讓我感到敬畏的偉大真理。難怪會有因果報應——我們永遠受制於我們的選擇，但冤冤相報何時了呢？我的意識還不足以讓我來管理自己靈魂的力量；我所能得到的結論就只有這麼多。

即使經歷過跟神聖領域所有安靜的相遇，即使我知道自己對上天如何運作知之甚少，但我還是常常會對這個世界上發生的事情感到忿忿不平，忍不住要批判。這個世界亂七八糟，恐懼隨處爆發，永無止境。正如祢所知道的，我一直不斷在助長憤怒的泥沼。我的脾氣就是我的詛咒。

活在一切都是幻象的真理之中是很難的。我不是一個有意識或者受到啟發的人類。我是靈性道路上的新手。我通常不會去思考自己行為與想法的後果，起碼遠不如我所該思考的程度。因此，我的思想和行為可能在不知不覺中傷害了別人。我請求祢站在那些人和我的中間，讓天使成為防火牆，抵擋我的負面想法和恐懼，如此一來，其他人就不會被我內心還沒有克服的恐懼所傷害。

我敞開自己，接受祢的指導，並放下我對於今天和其他人抱著期望的執念。就在放下我對控制的執念後，我把自己的生命託付給祢。主啊，請庇護我。在完全信任祢這件事情上，我還是個新手。我可能會磕磕絆絆，但我現在已經知道，這條路看起來是什麼樣子的。請繼續為我照亮。我總會找到回家的路。

指引

我們如果沒有去考慮事情怎麼會是這樣，就不能確知我們是否參與了創造自己的實相。我們透過什麼方式進行共同創造？人類總是會有選擇。然而，有某些事情讓我們和前幾代的人有所不同，那就是他們永遠不會想像得到，他們就是創造自己生活經驗、健康、人際關係與創意機會的參與者。那麼，我們有什麼關於自己的發現呢？我們正在意識到自己靈魂的主宰與力量。

如今，我們處在一個有機神聖的時代。不論是健康、喜悅、痛苦、靈感，還是處理失去的課題，對於事情怎麼會發生、為什麼會這樣發生的追尋，都會帶著你到達同一個地方：在你眼睛後面那片廣大的領地。你會發現，出於某種原因，你參與了創造你生命中所有已經展開與繼續展開的一切。你的靈魂就是你的力量來源。不論你很明顯地參與其中，或者只是付出了微妙的貢獻，你從來都沒有在能量上跟你生命中發生過的任何事情脫節。

順帶一提，對我們的選擇變得有意識，並不會讓我們脫離生命的循環。我們永遠無法避免死亡、衰老、疾病或失去。畢竟生命就是生命。但在這個新世界裡，自己造成的痛苦會變得可以選擇。

恩典

信任的恩典就交織在臣服（surrender）的行為中。你相信，在你生命中的每一刻，上天的恩典都在運作。無論是痛苦還是快樂、獲得還是失去、贏還是輸——這一刻所發生的事情，都無法用來評估你的整個人生旅程，就像一頓糟糕的餐點不能用來評斷義大利的所有食物一樣，因為你不知道你還沒去過的餐廳會為你準備些什麼。臣服需要超然與智慧，來依循你所收到的指示行動。舉例來說，每個人都知道被指引不要吃什麼食物時的感受。那樣的指引跟預見未來的夢一樣真實，也一樣神聖。不論指引用什麼形式來到你面前，當它出現時，就依照指示採取行動。臣服於它。上天說話從不分段落，也從來不發送不必要的訊息。

主啊，請賜給我信任的恩典，從現在直到永遠。我幾乎不相信自己，所以相信祢是一種進行中的工事。我確實知道的一件事就是，到達那樣的信任境界，將會讓我的生活更輕鬆。

45 與萬物合一

禱詞

主啊，今天我必須承認一件事。那就是我受到傲慢的侵襲。不是很嚴重的侵襲……只是舊自我的回顧。我曾聽過一個科學家談到，宇宙——這整個無垠廣闊的創造空間，都始於一次大爆炸。是嗎？真的嗎？哇噢……我認為這絕對是胡說八道。（明白我所說的傲慢是什麼意思了嗎？）除非我聽到有科學家講述意識的其他維度，以及創造的許多神聖領域，他們才有資格談論宇宙的起源。我認為比起我而言，由祢來告訴他們比較好。

我只知道，所有的生命都是神聖的，而且我對知道這件事非常感恩，非常非常感恩。我驚嘆於這整個創造的劇場——恆星、星系，以及所有眼睛能看到的浩瀚。我敬畏於地球上每個生物怎麼度過自己的一天，完成自己的任務。鳥飛翔在天空，水中生物在水下交流，這些都發生在人眼所及之外。生命無處不在，總是在孕育，也總是在回歸大地。地球維持著我們所有人的生存。共同分享這個星球的每個生物，都是透過地球，這個生命宏偉存在的慈悲來維持的。

主啊，請敞開我的心，敞開到足以讓所有生物都能在我心中找到一個充滿愛的地方，棲息於恩典之中。讓我每天都為他們禱告。讓我能永遠記住，我在這裡的時間很短暫，短暫到必須盡我所能來撫育這個地球，盡我所能來關心和照顧生命。我承認過去自己在提供幫助上有些怠慢。因為過去的我把眼光放在別處，寧願相信自己待在舒適圈裡是最安全的。現在，我會好好睜大眼睛，用心留意的。

指引

在我們渴望自己的獨特性和自己的空間的同時，也矛盾地無法把自己跟整個生命的結構分開。我們天生就是完整、合一的生物。實際上，我們屬於彼此。這是個神祕的真理。而如果我們能按照這個真理生活的話，想像一下我們會互相照顧得多好。這是個值得深思一段時間的真理。

恩典

感覺到被滋養，就像接觸到生命力一樣。人們會不遠千里地回到一個人身邊，或者一個地方，只為了獲得滋養。想像一下那種溫暖的感覺昇華為恩典的力量。這跟從迷人的古龍水精煉成完美的香精沒什麼不同。作為一種恩典，滋養表現在它純粹的力量上。當這種恩典流經你的靈魂時，會迫使你去關懷他人，即使那些人跟你沒有任何私人的關係。你敞開了心扉，覺得需要做出回應。就這麼簡單。

主啊，我知道被滋養的感覺有多麼美妙。請打開我的心扉來接受滋養的恩典，好讓我能夠服務其他人，就像我曾經被服務那樣。

46 變老是份禮物

禱詞

主啊，我必須要說，關於變老有件事讓我感到驚訝（而且確實如此），那就是我感覺到自己年紀越大，就有越多的愛。這是我們倆的祕密，我對此很好奇。我注意到，當我年紀越大，想要的東西就越少。現在我想要的，就是多了解生命、多了解人，以及為他人多做些事情。而這就是關於愛——不論愛是什麼：我發現不用費心尋找，就能很容易看見人們身上的優點。並不是說之前這件事有多難，但就這麼說好了，之前需要花更多的時間去看見。

主啊，我不得不說，我很感激祢賜給我變老這個禮物。這是個餽贈。隨著一年年過去，我對我的生命越來越感恩，也越來越感激在我生命中的每一個人。我的感激之情常常會讓我熱淚盈眶，因為我意識到，沒了祢的恩典，一切可能都會不同。事實上，總有一天，一切都可能不同。我不知道明天會帶來什麼。

我很難不去注意，有多少次我用美食把自己餵飽後離開餐廳，而在幾分鐘後，就經過一個飢腸轆轆的流浪漢身邊。現在，我更加留意到這點。我再也無法若無其事地經過那個人身邊。我必須要餵飽那個人。我會看到他，還會有什麼別的原因嗎？我們必須分享我們所得到的東西。如果我們不反過來照顧其他人，就沒有理由去期望獲得祢的照顧。

我發現，變老讓這件事變得容易多了，因為給予取代了渴望。那就是自由。而且啊，我是多麼熱愛我的自由。我認為我年紀越大，就會變成一個更狂野的女人。我建議祢讓愛與關懷他人成為阿茲海默症的良藥。就是個建議而已。

指引

我注意到，最近人們做過的蠢事之一，就是他們對待變老的奇怪態度。我們為了保持健康付出了這麼多努力，讓自己保持身材、看起來年輕、保持活力等等；然而隨著歲月流逝，我們卻無法坦然面對自己的年齡。我們沒有慶祝自己一直以來如此努力終於實現的目標，反而感嘆歲月的流逝。我們希望自己生命的晚年不會孤獨終老、一無是處，還有一些天知道是什麼的事。

我們的腦袋出了什麼問題？每一年都是一段新故事情節的開始，一場新的冒險，以及更多的自由。把你自己從物慾、需要成就感和取悅他人的慾望中解放出來。最後，閉上眼睛，傾聽你靈魂的野性聲音，然後放下。

恩典

勇氣是種具有眾多表達方式的恩典。靈魂是狂野而自由的內在夥伴，充滿了無盡的靈感和神聖的惡作劇。但有時候需要勇氣，才能夠進入神聖的惡作劇之中。我們都讀過人們在生命最後幾個月或幾天中寫下的故事和詩句。這些作品讀起來就像願望清單一樣——這些事情原本是可以實現的，只要他們在自己還年輕健康的時候，能鼓起勇氣，把自己從約束的力量中解放出來。

讓自己有勇氣成為一個神聖惡作劇的製造者。投入你全部的心和靈魂。當你準備要離開今生，而你不可避免地回想起原本可以做的事情時，願你不會後悔自己當時沒有勇敢一點。

主啊，我從沒想過要成為一個神聖惡作劇的製造者——但有何不可呢？聽起來很不錯。所以，請賜給我勇氣，讓我踏出舒適圈，走進好玩的想像國度。我通常會在需要的時候請求祢的幫助。但說實話，我需要放鬆一點，多玩一些，對這一生感到更自在。主啊，我們只把祢跟問題聯想在一起。沒有人會把祢當成玩伴。祢應該在這方面再加油喔。開玩笑的啦！

47 靈修之路是什麼？

禱詞

主啊，我該如何向另一個人描述靈修之路（spiritual path）呢？幫幫我。我常常會被問到關於靈修之路的問題。這不是個小問題。但每次我為某個人回答這個問題時（這件事老是發生），我聽見自己在編造答案。我應該告訴那個人真相嗎？我應該告訴人們，我的靈修之路等同於跟祢一起沉思的安靜時光嗎？我想、我問、我聽、我等待、再等待……然後當我心煩意亂，忙著過我的一天時，與當下我所想毫無關聯的念頭就會突然浮現。然而，這些念頭總是我那天或前一天禱告時問題的答案——有時候還是回應更早之前的禱告。

我一直都知道，關於禱告的答案一定會到來。到來的時機由祢決定。我問，祢答。沉默也是一種答案。我花了一些時間才適應這個真理，但我已學會了相信它。我也學會必須用超然的態度來問問題，並且不帶期望地接受答案。我花了很多很多年的時間去掌握那樣的動態。

如果能直接告訴每個人，他們的整個生命就是他們的靈修之路，那該有多簡單。我們擁有的每段關係，都是我們靈修路上的夥伴，不論我們喜不喜歡。現在，用你的生命去做你想做的事。我問過一個人，他在自己的靈修之路上究竟在尋找什麼。他說他不確定。但我很確定：他正在尋找浪漫的愛情。是愛情，而不是祢。但墜入愛河也是靈修之路的一部份——他將會發現的。如果人們真正明白，一切都是人類靈性與神聖之間夥伴關係的體現，這種靈性追尋的任務將會變得多麼簡單。

指引

這種把日常生活跟靈修之路分開的做法，是傳統宗教教義的延續：政教分離、靈肉分離，以及天上與人間的分別。分離的時代（雙魚紀元）即將結束。我們正迅速融入整體主義的時代，不論是在靈性上、原型上、科學上、醫學上、科技上與全球關係上都是如此。我們現在有能力理解這個神祕的真理：生命的能量與物質領域之間沒有區隔。物質與能量是緊密相關的。能量是燃料，是物質的生命力。

將這條神祕法則應用到靈修之路上，可以翻譯成這樣：你生命中的每個人、每件事，都是你靈修之路重要的一部分。反過來說，你也是他們靈修之路的一部份。這樣的體認會啟發你更有意識、更有道德，也更慷慨地生活——或者相反。

但有件事是可以確定的：你的生理會回應在你靈魂中啟動的靈性的真實（spiritual truth）。這意味著我們生理的壓力來源已經顯著增加。在前一個世代，壓力源自於過度工作、外遇或者財務問題。時至今日，我們必須處理的壓力則是源自於我們沒有用我們所知的真理來過活。

很多人沒有認清，他們的焦慮與憂鬱的來源，遠比一般的衝突還要深。他們的壓力在靈魂深處，源自於一個事實，那就是他們有意識地破壞了神聖真理。這就是靈魂的危機，而靈魂會與身心直接交流。靈魂靠著真理而茁壯。如果你違背了這些真理，靈魂將會在你內心不屈不撓地與你作對。簡單說來，這就是靈修之路和日常生活的堅毅精神（grit）之間的關聯。

恩典

我們通常會需要耐力的恩典來應付我們自己。有時候，對我們最具挑戰性的障礙，就是我們的本性，包括了我們矛盾的行為、弱點，以及它們所導致的困境。我們會想要把自己的過錯歸咎到別人身上。但最終，我們是住在我們身體裡的唯一居民。我們是唯一為自己做出選擇的人。我們已經年紀大到無法將成年後的行為歸咎到父母身上了。

耐力的恩典會讓人大大地鬆一口氣。它讓我們充滿放鬆的感覺，知道我們將會「度過」我們此刻身處的困難。耐力傳達了生命中存在著我們必須要，嗯，忍受的挑戰。然而，同時它也表明，所有的困難最終一定都會過去。

主啊，請賜給我耐力的恩典。我需要這個恩典，這個額外的光，來克服我自己的心煩意亂，以及忍受隨著擁抱真理而來的劇烈轉變。

48 拒絕是種保護

禱詞

主啊，今天我在一個朋友的臉上看到了這樣的悲傷。事情沒有像她所希望的那樣發展。過去曾經有一段時間的我，會選擇為她禱告，祈求她能獲得想要的位置。但當我現在想起過去自己是怎樣禱告的，我的靈魂吃痛地縮了一下。我花了好多年的時間（可能是一輩子）來了解我的愚蠢。我居然會認為自己知道怎樣會對誰最好，認為祢需要我的指點、我的介入，來籌畫另一個人的未來！

我常常重溫自己多年前做過的夢。那時，我覺得自己所選擇的職業生涯突然對我關上了大門。我一直感嘆自己沒有如願以償。我為自己感到難過，覺得自己被想要的東西拒之門外，可以說，我好像被上天拋棄了。我的處境不太好。但在一次夢的探訪中，我被告知「世俗的拒絕是神聖的保護」。我在平靜中醒來，平靜地就好像在恩典的被窩裡睡了一個好覺。

我再也沒有懷疑過——一次也沒有。當我向祢表達自己未被滿足的期望時，祢會帶領我走上一條我沒有預見的路，一條我無法想像的路，因為我從來不知道它的存在。我從來不知道自己是個直覺診斷師，直到我發現這是唯一的出路。我永遠不會忘記，在那個八月的下午，我收到神祕的訊息，要我必須離開芝加哥，立刻前往新罕布什爾州（New Hampshire）。祢讓我知道，我必須這樣做，否則就會被「召喚回家」。這不是威脅，只是個事實。我一點也不害怕。我聽見了祢的聲音，彷彿我正在接受給我的下一個指示。我一直都遵循著這些指示。

主啊，如果不是對祢的盲目信任，我永遠不會搬家，也無法忍受隨之而來的孤立。正是在那樣孤獨又鄉下的新罕布什爾州的靜默之中，我找到了自己的使命。祢真聰明啊。一直到幾年後，我才意識到這個典型的神祕安排。這就是禱告被回應的方式：當一些門被鎖上的同時，另外一些門就會被打開。

然後，還有等待室。我知道我的朋友現在就在那間等待室裡，擔心著現在這扇門被關上了，就再也沒有任何門會為她打開。我比她了解這樣的處境，儘管我還是不知道祢會做什麼。所以我告訴她，把所有亂七八糟的事情都交給祢。世俗的混亂就是祢的沙盤。祢會重新安排她的生活。我告訴她，不要干預祢幫她制訂的計畫。不要向祢提供建議、限制或禁忌。臣服就是臣服。放開手，讓祢接手。

指引

關於你人生的靈性計畫是種進行式，跟世俗的工作職位不一樣，沒有開始，也沒有結束。我們的盲點（而且是很大的盲點），就是堅持認為神是個事業夥伴，神聖的指引會用實用、有效且經濟實惠的方式呈現出來。

這些指引的確會影響我們的內在與周遭。上天的確會用一些事件，像是鎖上與打開機會的大門，來表現祂的意志。但這些外在事件並不是本身的目的；它們之所以存在，是為了服務我們內在的靈性生活。上天不會為我們解決問題，而是會用決心來啟發我們，決心是激發世界上行動的方式，來達到讓我們的靈魂旅程向前邁進的目的。神聖不能為我們做選擇，但可以（而且確實這麼做了）設置一些阻礙來保護我們。

你人生中的每個時刻都具有目的。即使我們當下看不到目的、計畫，或者下一步發生的時機以及會如何發生，也沒有關係。沒錯，用實際的角度來看，這對我們來說當然很重要；不過，如果你能夠放下實際的考量，相信奇蹟，也就是神聖隱藏在你人生幕後的運作方式，你就會意識到，一切都不是表面上看起來的那樣。

恩典

我們對於信任的恩典需要的程度，比自己意識到的還要多。我們想要一切都發生在我們人生的當下（此時此刻）。我們想要辨認出我們聽到的每一個腳步聲。我們必須停止我們想要這樣、想要那樣，想要生活成為它永遠不會、絕對不會成為的樣子——我們熟悉的、可以掌控的，以及囊括了我們的個人需求。那種對於不可能的渴望，是導致壓力、恐慌以及內在瘋魔襲擊的原因。我們必須用接觸信任的恩典來取代這種渴望。

我們必須學會輕鬆面對禱告和信任、指引和行動的莫比烏斯環[18]，而不是想像著偉大或屈

18 譯註：莫比烏斯環（mobius）是種只有一個面和一條邊界的曲面，把一條紙帶旋轉半圈後，兩端黏在一起，就能夠製作出來。這裡是指所提到的兩件事是一體兩面，相輔相成的。

辱、強大或無力。你的想像力就是創造的驅動力，協調你內在與外在生活的載體。想像自己有多偉大，其實是源自於對屈辱的恐懼。最終產生的，是個充滿狂妄的自我。在恐懼的驅使下，最終你會陷入恐慌和不確定性的迷霧裡。修養（也是種戒律）就是運用信任的恩典。信任帶來超然。你不必去干涉上天的工作。如果你知道什麼對自己最好的話，就不需要上天的幫助了。相信就對了。

主啊，請用信任的恩典來庇祐我。毫無疑問地，我將會需要一次又一次地說出這個禱告。我希望自己對於信任的能力，跟懷疑的能力一樣好，但這不就是恩典的意義嗎？你可以相信我會禱告——那是我該做的事。而我則會相信，這種恩典存在於內心，每扇緊閉的門後面都藏著天堂。

49 神在哪裡？

禱詞

主啊，祢知道天災人禍、流行病、戰爭，以及對無辜者的屠殺，使得人們質疑神的存在。他們覺得祢彷彿不存在，或者至少祢一直擅離職守。我不能說我責怪他們。一個人在經歷過大規模的恐怖事件，尤其是人為的恐怖事件之後，該怎麼合理化這件事呢？

我們談到祢──「為什麼神會這樣做？」──就好像祢是個人，應該遵守人類的行為規範一樣。這對我們會有用，因為這樣一來，我們就可以在事後責問祢、賄賂祢、瞞騙祢，在黑暗中看見祢的降臨。我們可以繼續告訴自己，壞事只會發生在壞人身上──而我們是好人。祢永遠都會站在我們這邊，保護我們的家庭和財產。

主啊，我在工作坊遇到的人之中，很少會有人想要請求幫助，來療癒自己的復仇想法，或者充滿憤恨的心。相反的，有好多人分享，這麼多年過去，他們仍然在尋找答案，想知道為什麼有人可以對他們造成這麼大的傷害。有時候我會想要用力地搖晃他們，就像搖晃布娃娃一樣──坦白說，我真的很想。我知道這是我的缺點。但我也認為這是優點。我認為沉迷在無意義探索為什麼壞掉的父母會不愛孩子是沒有必要的。人們真正在尋找的是什麼？他們想要大聲喊出他們受傷了，而且他們想要這種痛苦傷害到他們的父母。但這永遠都不會奏效。在大多數情況下，他們最終都會感到失望。

然而，這種追尋有一部分是對祢的憤怒——不論是有意識或無意識的。他們對自己在人生中受到這樣的對待忿忿不平。他們想要一個解釋。他們想要祢讓一切變得更好，在某種程度上，讓他們的餘生過得更順遂。他們想要自己所受的苦能獲得回報，就像在互相傷害的疼痛遊戲中贏得籌碼一樣。我不支持這種觀點：因為他們有艱困的童年，所以意味著某種程度上祢搞砸了。主啊，不公平是很難的。簡單說來，這總結了耶穌最後的日子。不公平是非常艱難的，因為我們想要掌控生活的秩序，以及其中的每個人。但殘酷和破壞正是從那種對於控制的渴望和瘋狂所造成的。

如果人們真的了解，神聖的秩序在每一刻都持續展開的存在和力量，我們就不會再認為我們必須控制自然。我們只需要融入它的循環之中。突發事件所帶來的傷亡會被理解為有機的損失，而不是善惡的產物。它們不會被視為罪孽和懲罰，也不是質疑祢存在的新理由。

我不得不說，主啊，我對於質疑祢存在的問題已經感到很厭煩了。我必須要很努力，才能讓自己不會在聽到這個問題的時候翻白眼。我必須忍住不問：「什麼？你也這樣想嗎？」但我沒有這樣做。好吧……或許在我回到家的時候有。

指引

我們受到自然法則的支配，其中包括了神祕法則與物理法則。兩者互為對照。神祕法則啟動了創造的行為，而物理法則用來管理這些行為。這並不複雜。選擇產生後果。集體的負面選擇產生大量我認為是精神自由基的產物。這也是合乎邏輯的——創造的物理學。同樣地，禱告產生恩典。大量恩典的資源將靈感導入個人與群體之中，支持著勇敢、仁慈，以及服務的舉動。人類不必要遭受戰爭、在地衝突與恐怖攻擊。這些都是可以選擇的惡夢，都是我們做出的選擇。當我們質問：「這麼可怕的事怎麼會發生？神到底在哪裡？」答案就是：「神隱藏在大自然的力量之中——人性、神性與自然之母。」這就是宇宙神聖的三位一體。

恩典

謙卑（humility）是靈性導師最強調的恩典之一。謙卑的恩典就像是塗上一層不沾黏的噴霧一樣，讓你擺脫對人生破壞力強大的權力飢餓感。驕傲自大是很多痛苦的根源；如果有這種恩典的保護，就可以避免驕傲自大。

> 主啊，請用謙卑的恩典來保護我。保護我遠離自己最糟糕的直覺，遠離自大和恐懼所驅使的行為。請幫助我專注在這樣的真理上，那就是除非我出於恐懼和憤怒，把指導我人生的權力讓渡給別人，否則只有祢有權力指導我的人生。

50 魔鬼的聲音

禱詞

主啊，生命的陰暗面正在顯露出來。現代的精神已經決定要重寫創造的秩序，摒棄黑夜，保留白晝。拋開陰影，但仍保有太陽的光與熱。讓黑暗這樣運作真是太聰明了！我們改變了詞彙，讓我們對描述邪惡的詞語感到麻木，如此一來，我們就再也無法看見或認識到邪惡的影響。如果我們沒有描述邪惡的詞語，就無法認出邪惡的手段。良心這個詞已經被淘汰了，取而代之的，是相對空洞的術語「意識」。這個詞含糊不清，含糊到可以代表一個人想要表達的任何意義。

主啊，對於黑暗的恐懼已經變得瘋狂。我可以看見人們一提到「魔鬼」，就會立刻感到不舒服。他們用諷刺的笑話來平復心情，或者直接離開房間。或者，他們會坦白地說，他們不相信邪惡，更別提魔鬼了。但他們的不舒服告訴我，事實並非如此。他們在迴避真相，而不是在迴避我。

我想，當我提到魔鬼時，有些人會認為我想起了中世紀的天主教。然而，他們所有的反應告訴我，他們有多害怕黑暗，以及他們有多容易受到黑暗的影響。我會檢查他們身上是否有小飾品、水晶、幸運符這些防止負能量的小掛件。對我來說，這些都是顯示他們脆弱易感的指標。「負能量」這個詞已經被用來取代「魔鬼」，因為這個詞跟地獄的神話沒有明顯的關聯性。這是個中性的詞，完全繞過了神聖。主啊，我們變得非常擅長於文字遊戲。

聖女大德蘭總是會告訴她的修女們：當你認為自己已經安全遠離黑暗的那一刻，黑暗恰好就在你身邊。主啊，我對此太熟悉了。跟其他人一樣，我曾經認為自己對邪惡免疫。我就像個被寵壞的孩子，認為自己受到保護，可以不受邪惡侵擾。然後我就被搶劫了。這讓我明白了一個真理，那就是任何事情都可能發生在我身上——偷竊、強姦、謀殺。那次經歷讓我開始挖掘自己的內心，搞清楚我認為自己真正應得的是什麼——從祢、從生命，還有從其他說不清的來源。

我從內心的探索中發現，圍繞在我身邊旋轉的宇宙沒有秩序。儘管我有信仰、有信心，但生命的秩序、自然的規律，大過於我的生命。我以為自己是誰，得以對世界上所有的黑暗免疫？聖女大德蘭不斷地禱告說，請引導我不要陷入誘惑，因為她知道，傲慢是她的敵人。她知道邪惡的黑暗呢喃（也就是她靈魂裡的爬蟲類）可以藉著她的傲慢滲透她。這些爬蟲類悄悄地提醒她最害怕的事情：她可能會被當成異端，受到審判，被判有罪，然後在火刑柱上被燒死。

正如天使用充滿恩典的想法啟發我們，並經常用平靜和勇氣包圍我們一樣，魔鬼知道我們的弱點，並會用恐懼來驅動它們。祢讓這個世界成為一個平等的競爭場域。這點是無庸置疑的。

指引

沒有人真的願意相信黑暗的存在，或者黑暗的影響。我們不希望惡魔真的「在地球上出沒」。但事實就是如此。要想像天使不難。我懷疑你召喚了「屬於你」的個人天使，而且覺得你獲得了幫助。（要是有誰再讓我聽到關於停車天使[19]的說法，我就要尖叫了。）但是「屬於你」的惡魔呢？為什麼這似乎讓人難以置信？你內在的小孩可以想像出天使，卻無法想像出「壞傢伙」。

但是呢，宇宙不是這樣設計的。有好警察就有壞警察。這就是兩極的本質。我們內心同時存在了光和影。自古以來，靈性導師就教導他們的學生祈求指引和保護——耶穌就是其中一個。這並不是因為這些神聖的教師缺乏現代教育，而是因為他們深知無形世界的景象。他們也了解單一人類靈魂的力量，更不用說人類的集體力量了。如果黑暗沒有那麼強大，我們又為什麼要這麼努力尋找光明？

恩典

洞察力（discernment）被認為是最高的恩典之一。靈魂才有能力穿透那些會削弱我們與生俱來的力量、清晰、同情與道德正義感的幻覺。幻覺很容易就會產生：我們決定把跟我們無關的話語當作是針對我們個人的，或者我們認為自己可以喝一杯——就一杯，雖然我們已經戒酒兩年，不過這是個特殊場合……噢，我們多熟悉這樣的聲音！這部分的自己允許我們做所有具有傷害性、欺騙性、愚蠢的，甚至是惡劣的事情。我們靠著這種聲音提供我們做壞事的藉口。這就是緊

19 譯註：在美國（尤其是大城市裡），有些人相信有停車天使，向祂禱告就能夠很快找到車位。跟宗教沒有絕對的關係，比較像是一種都市傳說。

緊抓住傷口不放的有用之處，像是「因為童年創傷，所以我很脆弱」這種老掉牙的藉口。

但事實是，有一天我們每個人都必須面對我們跟黑暗的夥伴關係。我們必須承認，這樣的夥伴關係是有意識的。我們必須變得對自己的行為有洞察力，而不是繼續當自己情緒的無助受害者。我們並非那麼無助。我們只是喜歡在黑暗中遊戲⋯⋯

主啊，我需要洞察力的恩典，來看清我的內在自我。我需要能夠辨認出我引來黑暗、聽信黑暗，以及有意識地屈服於黑暗的時刻。我已經知道自己什麼時候會說謊或食言了。但我並沒有開誠布公地承認，食言或說謊是黑暗的舉動。主啊，這些就是黑暗的舉動。而我必須承認自己有意識的黑暗行為，多過著眼於其他人的。現在，我需要恩典，來認清自己為什麼要跟那樣的黑暗共舞，為什麼我會允許自己跟黑暗勾結，還有我需要斷開這樣的連結。神啊，請賜給我這份恩典。這將不會是件容易的事。

51 虔誠的靜修

禱詞

灰濛濛的陰天溫暖了我的靈魂，讓我想起了詩歌、沉思，以及所有令人感到舒服的東西。出於習慣——以及渴望，我自動退回到內在的對話之中。主啊，最近我的思緒轉而向上與向內在探索。現在，我用我的細胞組織聆聽著那些從上天傾瀉下來的微妙光流；有些充滿了指引，而有些則充滿了平靜與安寧的恩典。在這些時刻，我感到很欣喜。它們幫我的靈魂充了電。

我可以感覺到，此生以外的生命在我周圍盤旋，就像一次短暫的拜訪。有趣的是，這些時刻總能讓憂慮煙消雲散。似乎沒有什麼是不可能的，或者沒有那麼困難了。問題變成了它原有的樣子——暫時性的阻礙，會隨著時間而消逝。我們對它的回應越少，它消散的速度就會越快。

主啊，苦難是不那麼容易消散的事情。被裝在一個跟疾病戰鬥的軀體裡，不是件簡單的事情。悲傷也不是件簡單的事。然而，這些俗世的負累（對我們而言，感覺就像是千斤重的障礙）都很容易被禱告穿透。我有時候會想，這些障礙給了祢機會，來展示祢能夠多聰明地回應禱告。或許，人類苦難的解答，也就存在於每個人都會以某種方式分享這些經驗的事實裡。

苦難是生命結構的一部分，而我們則是交織在其中的一部分。我們都會在某個時候感到悲傷，我們都會哀悼親人的離世，而終有一天，我們也都會自己體會到病痛。但這樣的真理並不會削弱一個更大的真理，那就是從出生到死亡的每一天，上天都與我們同在，無論那一天所帶來的是什麼。我們被護送來到這世上，也會被護送回天堂。在這期間，我們聆聽……我們聆聽……我們聆聽。

指引

有太多人問過我，要怎麼禱告——從哪裡開始，還有禱告時要聆聽些什麼。神聖聆聽（holy listening）其實很簡單。就只是聆聽。但保持安靜跟神聖聆聽不同。後者包括了觀察——用你的身體和你的存在。別再想著要什麼。別再期待禱告有所回報。最重要的，是放棄對於聽到有說服力指引的渴望——彷彿你在聽從一個人類的指示一樣。神不是人類。神秘的指引會悄悄地進入你的內心，就像是天外飛來一筆的一個念頭突然出現在你心裡。我已經學會留意那種「突然不知道從哪裡冒出來」的感覺。神秘的指引總是會在對的時間、對的地點來臨，生怕被錯過了。

神聖聆聽就是等待、等待再等待的練習——而在等待的同時，有意識地放下你心靈的垃圾和黑暗的爬蟲類。那些都是你腦袋中堆積的雜物，當你聽信這些混亂的思緒，會妨礙你進入靜定的狀態。人們常常認為，「外在」的某個地方可以找到他們的內心的安寧。但每個有意義的意識狀態——從愛到同情、到洞察力，以及所有其他的恩典，都是從內心探求的。

恩典

神聖聆聽需要虔誠的恩典。進行禱告，即使是投入五分鐘進行神聖聆聽，都可以被視為是種靈性的虔誠。這不僅僅是種修行，也是內心的誓約。你的靈魂發誓要做到。我們需要恩典來信守這樣的誓約。有時候，虔誠的恩典感覺就像是帶著鐵球的腳鏈，把我們和自己的承諾緊緊拴在一起。它提醒著我們（必要的時候，會透過罪惡感），我們正在忽視自己的靈性承諾。這種恩典一點也不容易。這種恩典也可以透過向我們揭示我們為什麼會受到啟發，做出這種特定的承諾（例如每天進行五分鐘的神聖聆聽）的更深層理由，來表達它自己。

請賜給我虔誠的恩典，尤其是在我出現破壞自己靈修傾向的時候——我知道會有這樣的時候。我需要突破那層障礙，那堵阻擋我進入自己靈魂內部的牆。主啊，請賜給我這份恩典，即使這份恩典通常是難以承載的。

52 祢的奧祕

禱詞

我又再一次被問到祢是怎麼運作，以及禱告是否真的有任何好處。我必須跟祢說，有時候我真希望祢能現身，親自來回答這些問題。這真是氣死人了。我有那麼多證據——但同時又沒有辦法證明。在我自己幾乎不理解的情況下，要怎麼解釋祢的安排呢？又有誰能夠解釋神聖介入這回事呢？不過，我確實有過很多跟上天相遇的神祕經驗。我要告訴其他人什麼？這些相遇只發生在祢我之間——而那就是它所有的奧祕。

祢永遠不會在祢身後留下任何明顯的證據，只留下需要信仰的那一類。在很久以前我就意識到，在解釋祢這件事情上，言語是沒有用的。或許祢應該再一次分開海洋，重現一次摩西的故事。但即使祢這麼做，我知道人類會怎麼回應：我們應該要找到這件事發生的科學根據。祢將會再次淪為背景。科學和祢不是好夥伴。

然而，物理學家們現在正飄蕩在神祕領域之上，研究光和能量。我想他們很快就會遇見祢，很可能是透過一個與他們計算相違背的異常現象。但對祢而言，這不是異常。因為祢就存在於異常裡，總是隱藏在無法解釋的事物之中。所以，當人們問到向祢禱告有沒有任何好處的時候，我應該告訴他們什麼呢？我曾經請一些人先告訴我，為什麼他們要問這個問題。我已經知道答案了，是他們需要承認這個答案。他們已經進展到不只是「問題」而已；現在他們面臨的是種無法經由一般選擇來療癒的痛苦。最終，他們必須認真考慮神聖介入是否真的可能發生。

我經常告訴人們，向祢禱告不會有任何損失。我告訴他們，禱告永遠不會傷害任何人。但在內心深處，我毫不懷疑祢會用傾瀉而下的恩典來回應禱告。祢會用來自天界的聖光淹沒他們……如果他們能夠看見的話。即使是科學也很難解釋這種光，像雷射一樣穿透天際。而要打開這道門，只需要一個禱告。

指引

人們似乎無法停止猜測禱告是怎麼運作的。在我們最絕望的時刻尤其如此。或許你當下正在經歷生命中這樣的一個時刻。想要立刻解決（我們自己的，或是親人的）危機，是再正常不過的想法了。恐懼和憂慮粗暴地令人難以忍受，尤其是考慮到生死攸關的問題時。我們迫切地想要知道，要如何度過財務危機、病痛或官司纏身。請明白這一點：禱告會影響正在展開的行動。上天會在幕後運作。不過……其他人的生命也交織在我們生命的事件之中。我們的需求（因此也就是我們的禱告）必須以某種方式融入整體更大的善之中。沒有任何情況只跟我們自己有關。禱告總是會得到回應，並且會以一種能服務所有相關之人的方式回應。

恩典

慷慨的恩典有非常多種表達方式，遠遠超過了顯而易見的範圍，例如救濟窮人或在餐桌上分享麵包等。這是慷慨意涵的基本表達。然而，慷慨作為一種恩典的表達，會敞開你的心扉，讓你有機會認識到其他人的需求，甚至為他們禱告。你會發現，發願希望上天照顧你的對手，就像照顧你一樣，是有可能做得到的。這麼慷慨的禱告，是對於你綜觀全局的認可，明白生活不是對與錯的動態，而是事件與關係的展開，是無盡的因果動態在實體世界中的再次平衡。

我們不知道因果關係的起點，因為它始於這個塵世存在之前。但當我們遇到困難或未結束的關係時，很容易陷入我們是第一次遇見的錯覺。沒有所謂的「第一次」。很少有像祈求一顆真正慷慨的心那樣難以說出（並且完全活出那種樣子）的禱告：能夠用寬廣的心來看待另一個人，提醒自己一個更高層次的神祕真理——你不知道你們倆在這個宇宙的千絲萬縷中，是從什麼時候開始一起生活的。不過，如果你的心和靈魂都足夠強大，那麼相遇可能會是解開這些糾纏的另一個機會。解開因果的結需要恩典——光靠自我是做不到的。因為自我總是會陷入復仇、自憐、憤怒或不公平的錯覺之中。

主啊，請在我心中賜給我慷慨的恩典。我承認我可能還沒對這種恩典的後果做好準備，有時甚至可能會妨礙它的影響。我懷疑自己可以認識這種恩典的力量，因為它將會讓我看出別人身上跟我帶有一樣的傷。有了這樣明確的指引，我將會做出更慷慨的選擇。

53 禱告宣召[20]

禱詞

今天，我處於驚奇之中——神聖的驚奇。很少人知道，我每天都在尋求祢的陪伴，渴望把時間花在神聖聆聽上。也只有很少人知道，我對於禱告的力量有多麼深信不疑，以及我有多麼相信禱告可以療癒世界上的殘酷與苦難。神祕的力量可以療癒所有無法療癒的傷口。

今天，我收到了一封電子郵件，寄件者告訴我，當他在波士尼亞（Bosnia）聽著一位伊瑪目（imam）[21]禱告時，想到了我。他告訴我，他在這個「禱告宣召」（call to prayer）中想到我。事實上，他錄下了這個「禱告宣召」，並寄給了我。一位聖者呼喚人們來禱告，做的恰好是我一直以來感覺自己被召喚去做的事情，差別只在於我一直用自己的方式在做。

昨天，我收到了一本關於玫瑰經的書，是一位曾經見過聖母瑪利亞顯身的佛教徒寫的。他寫道，聖母指示他用玫瑰經禱告，所以他就開始這麼做了。如今，他在世界各地發起了玫瑰經的團體。他把玫瑰經稱為「瑪利亞的玫瑰園」——對他來說，用玫瑰經禱告，就是進入神祕的玫瑰

20 譯註：伊斯蘭教用來提醒穆斯林禮拜的召喚，又稱宣禮（adhan）。
21 譯註：伊斯蘭教的領袖。

園。

就在一天之內，所有這些神聖的驚奇都來到我的生命中。這些人都不知道我正在寫關於禱告的書，更別提我決定分享我跟祢一起的個人禱告生活了。但他們毫無保留且毫不猶豫地跟我分享了他們的禱告生活。而我的佛教徒新朋友很高興地承認，聖母瑪利亞直接啟發了他。我發現自己很容易就相信了。非常容易。我想有些人（或許是大多數人）會認為他聲稱聖母造訪是胡說八道。但聖母有種風格，一種特殊的行事作風。而他的故事見證了祂的神聖風格——祂用那種安靜的方式意外出現在某人的生命之中，通常是深陷於混亂之中的人（混亂為靈魂提供了沃土），渴望接觸到神聖體驗；而這些神聖體驗，能夠熔化理性頭腦的鈦金高牆。

主啊，我今天需要花很多時間跟祢在一起，因為我的生命中湧入了洪水般的禱告訊息。我忍不住想知道，祢在告訴我什麼呢？然後我明白了：祢正在呼喚人類禱告。不只是我而已。你不是在召喚我們去教堂，而是去禱告。祢在召喚人們回歸他們的神聖根源和神祕本性。祢不住在教堂，也不在猶太教堂、廟宇或清真寺裡。祢就是整個宇宙——一種神祕、神聖、有機的光明力量，涵蓋了所有生命。祢的本性表現在神祕法則之中。祢用所有的生命法則向我們說話：一致、有序、可靠、永遠存在的。祢是保證我們永遠會從自身餘燼中重生的鳳凰。這就是祢設計生命本質的方式。

現在，祢召喚我們禱告：將我們靈魂的創造力導向那些恩典的崇高行為上，進而影響創造的行為。主啊，我告訴人們，如果能量醫療是古龍水，那麼恩典就是從其中精粹出來的香水。這種香水能夠用普通人的腦袋無法理解的方式來療癒，因為我們的頭腦承擔了太多的理性，只能考慮人類的可能性。然而靈魂是居住在不可能與奇蹟之中的。要是人們住在他們的靈魂中就好了，他們看待人生的方式將會多麼不同。我懷疑這就是祢現在召喚我們所有人來禱告的原因：因為我們必須用不同的方式來想像生活，就從今天開始。

指引

在人們想像神的許多方式之中，我看過很多很多人都抱持著孩子般的信念，相信在宇宙的某處，存在著一個在地球之外、像父親一樣的神，祂會以某種方式把我們從自己的手中拯救出來。假如我們做了不堪設想的事，陷入了核子戰爭中，這個地球之外的父神將會以某種方式介入——也許是讓炸彈人間蒸發，或者是派出一支天使信使軍團，來讓瘋狂的世界領導人改變主意。但那並不是上天運作的方式。假如是這樣的話，那麼我們就永遠都不會需要神聖導師、經文、聖人與靈性教義了。

但我們的選擇確實很重要。它們決定了我們的未來。我們是這個地球上創造事件的驅動力。創造法則說，我們的行為會產生後果，而我們必須體驗我們行為的後果。這就是創造的動態。就是這樣。就像你自己生命中的任何動態一樣，如果你不做出更好的選擇，就會得到同樣糟糕的結果。

然而，禱告不僅僅是一種更好的選擇。禱告就是選定的選擇。禱告就是我們在任何情況下注入恩典的方式。我要強調「注入恩典」（inject grace）這個用語，因為跟我們普通的選擇和意圖不一樣，注入的恩典是道神祕的光。這道光會把神聖的意圖與你的意圖融合在一起。禱告是你選擇神怎麼幫助你的方式——但你仍必須做好自己分內的事。神不會就這樣飛進來幫你收拾善後。你也必須在這個生存遊戲中自己投資一些進去。在這種情況下，你投資進去的，就是所謂的靈魂。

恩典

信仰的恩典或許是最強大的恩典。沒有了信仰，我們將會變成一具空殼。如果沒有能力相信有什麼比我們更偉大（即使是我們自己更高的潛力）的話，那這樣的生命算什麼呢？生命被簡化成了一種開始與結束的體驗，僅僅在出生的那一刻，就揭示了直到嚥下最後一口氣之前的一切。掠奪東西變成了目標，儘管到最後，你都會死，不論你得到多少。

我寧願相信神，除此之外沒有別的原因：不信神所呈現出來的，是一幅令人難以忍受的生命肖像。即使是做好事或對人和善的好處，也是轉瞬即逝，僅僅照亮了白天，但徒留靈魂在天黑後忍飢受餓。我們需要信仰——只要去相信，我們所採取的每一個正面的行動，不論多麼小，都會在某種程度上發揮作用。我們需要把我們的信仰導入禱告之中，導入與神聖神祕且靜默的對話裡。這是種對話，是種非常深刻的神聖對話，可以上達天聽，也總是會得到回應。

我們很重要，這個事實與理性和世俗的計算都無關。上天不會用世俗的生產力來衡量我們的價值。它不是一家唯利是圖的公司。它計算信仰、愛、慈善、寬恕、善良、信任與同情的舉措。這些是你真正的價值。

相信這個神聖的真理——我們很重要，意味著不論我們正在忍受的時刻有多麼黑暗，其中都藏著指引。在那裡，我們可以找到神聖的陪伴，以及一條通路。

主啊，請賜給我信仰的恩典，特別是在我無法在內心找到它的時候。請幫助我堅持不可能，尤其是在我面對本身侷限的時候。因為這是我最需要仰賴我無法看見或理解的力量的時候。

54 神聖的想像

禱詞

主啊，我年紀越大，就越驚嘆於祢是怎麼設計我們的。我對於自己的靈魂能想像出頭腦無法理解的事情深深著迷，同時也感到肅然起敬。有時候，我就只是觀察自己頭腦的工作方式，讓它自動運作，它就會回溯我的過往——翻開那些未解開的謎題，猜想事情為什麼會那樣發生，並回顧未完成的對話。主啊，這通常不是個愉快的經歷，除非我回到過去收集智慧——我學到了什麼？有什麼是我再也不會做的？

主啊，對於過去我並不傷感，也很少執著。但我的確會想要收集自己從人生中獲得的知識，並好好加以利用。而知識和智慧看起來就像是我靈魂的資產，為我上升到能夠遠眺的高度提供動力。在那樣的高度，我能夠對於底下世界正在發生的事情充滿驚奇。在我的靈魂裡，我可以理解創造的流動性，以及人類同心協力，可以多快改變一個結果。那就是我們的力量。

然而，我們害怕親密的關係，因此我們會集體抗拒這個真理——我們是一起呼吸的神祕整體。佛陀看見了這個真理。耶穌教導我們這個真理。但不知道為什麼，這對我們的五感是種終極威脅。因此，我們活在肉體中，在其中我們不斷跟自己的細胞組織溝通，來相互攻擊，讓我們成為彼此的敵人。

我們傳遞給地球村的訊息，跟我們的肉體所吸收的訊息相同。我們就是無法活出這樣的真理——存在於個體中的，也存在於整體。這很簡單、很明顯，但也很嚇人。藉著結合我們靈魂的想像力與恩典的力量，我們可以在瞬間就療癒很多很多疾病。

只要我們不那麼害怕我們的整體性，以及其他人也具有同樣的力量，我們就能做到這點。

指引

我相信，如果我們善用靈魂的想像力，有很多很多的問題就都能迎刃而解。想像並不代表這不是真的，就像我們說「那只是你的想像」。想像是種能力，能夠「圖像化」你身體感官無法看見的東西。當然，怎麼運用你的想像力，取決於你自己。正如我們所知道的，有些人會想像可怕的景象，而其中有些人會越過做人的底線，將其付諸實行。但有些人，像是發明家與夢想家，則會敞開心扉，接收「傳入」形式的影像——想法、概念和可能性。這些影像需要經過醞釀，成為現實。

我對於神聖想像的經驗是，我們的靈魂跟心智能力不同，不受理性或邏輯的約束。神聖想像不需要知道事情為什麼會這樣發生在我們身上。我們的靈魂存在於當下，在此時此地。關於那些心智永遠無法設想出來的障礙，靈魂可以接收到相關的洞見與解方。我們都被教育要靠著邏輯、歷史，以及熟悉的程序來解決問題。而且由於我們常常因為生活中遇到的問題而感到羞愧或丟臉，也就不願意去接近（更別說討論）我們必須解決的問題。這樣的感覺，會導致我們進入憂鬱與絕望的循環，這與解決問題的方向恰恰相反。

另一方面，靈魂是受到希望的恩典所吸引的載體。在神聖的幫助下，一切皆有可能。正如佛陀經常教我們的，情況轉瞬就會改變。沒有什麼是一成不變的——永遠沒有。即使是最難以忍受的情況也是如此。

恩典

希望就像是生命之水，是種卸下我們肩上重擔的恩典。希望提醒了我們萬物無常的真理。而這個真理，正如聖女大德蘭總是教導我們的：「有了上帝，一切皆有可能。」這不是我們的世界；這是神的世界。不是我們制定了規則。我們只是千百萬種生命中的一種。如果我們透過謙卑的眼光來看世界，就會看到神無所不在。這就是希望真正的實踐。

主啊，我所需要做的，就是提醒自己人生短暫（跟生命本身無限的長度相比），來增強我的希望感。大自然比人類更強大，也更聰明。有時我們可能會認為，我們控制了自然。但我們並沒有。我們無法控制任何重要的事物。我們無法控制生死、自然的循環、行星的秩序，或者我們自己生命的長短。我們自身的侷限讓我充滿了希望，相信祢確實執掌了這個宇宙；相信在每一個黎明，創造都會重新展開。請幫助我，讓希望的恩典持續在我心中燃燒。

55 我們所遭受的苦難大不同

禱詞

當祢安排我走上這條路時，主啊，我對療癒一無所知。或許只有祢和我知道真相：我一點都不想跟生病和脆弱的人的世界有任何瓜葛。你為什麼把我放在那個世界裡，對我來說，多年來一直都是個謎。我祈求祢賜給我一些洞見、一些理由，告訴我為什麼祢給了我助人的技能，卻不包含執行任務的欲望。我感覺自己是被強徵入伍的，而祢也明白這點。

但祢也知道，我無法拒絕知識，尤其是靈魂的知識。怎麼可能我活了那麼久，居然不知道靈魂的療癒能力？祢把我放在一條道路上，讓我發現我無法想像的一切：我們了解自己是誰的內在地圖。主啊，我注意到一件事，一件微妙卻那麼強而有力的事：人們受苦的方式，多年來已經不斷深化。我相信，內心的痛苦已經變成了進入一個人靈魂的途徑。人類的苦難不再僅僅是失去、孤單、悲劇或肉體上痛苦的結果——儘管這些仍然存在。但痛苦已經進入更深的層次，深入了靈魂的洞穴之中。一旦人們選擇最終面對真相，祢就會透過禱告帶領他進入內心的聖堂。

我所目睹的痛苦，包括了情感上與神祕上、個人的與非個人的。我從人們的眼睛裡、從他們無法說出自己被憂鬱深深桎梏的理由中，看到了這些痛苦。這是我們集體轉變的苦難，共有的靈魂痛苦。這無法治療，但並非無法觸及。祢把我們的命運交織在一起，不論我們喜不喜歡。如果我們不能有意識地擁抱我們的一體性，就會一起流血。

令人驚訝的是，我們寧願各自分開受苦，也不願同在一起相愛。但我們現今所承受的苦難具有一個共通點：它們都是感受到與整體分離的結果。不論我們正在忍受的是憂鬱、失去或生存層面的恐懼，這種疏離感現在正包圍了我們之中的很多人。我知道孤獨是祢召喚我們在禱告中遇見祢的方式，我們將避無可避地找到祢。在崩潰中會出現突破。很快、非常快，平靜就會到來。堅韌將會降臨，就像來自於上天的嗎哪（manna）[22]，向我們保證，我們將會以某種方式克服難關。

不可避免地，我們會想要知道那突如其來的平靜、在那個確切的當下最需要的平靜是從何而來。而我們會思考（或許是第一次這樣）一個神祕的真理，那就是我們是被那麼小心翼翼地照看著，即使是在人類旅程最黑暗的通道之中也不例外。

指引

我們人類一直渴望，上帝能夠立刻解決生活中的負擔和不公平，來證明祂的存在。遺憾的是，這永遠都不會發生。最偉大的靈性導師（耶穌和佛陀）一次又一次地引導我們直視人類苦難的深淵，依靠我們自己的靈魂，來處理我們的頭腦（通常還有我們的心）無法承受的事情。他們

22 譯註：《出埃及記》中所記載，嗎哪是從天降下的糧食，是以色列人出埃及後，四十年的曠野生活中，神賜給他們的奇蹟食物。

想要傳達的，不是苦難最終會結束，也不是出於某種原因，神錯誤地把痛苦放進了人類的設計之中，更不是透過復仇的行為可以找到正義。他們的教誨不斷引導信徒進入超越的奧祕，進入人類靈魂的神祕力量之中。

世俗的體驗轉瞬即逝。所有的體驗在第二天就都消失了，因為新的體驗會取而代之。即使是可怕的回憶，我們也必須費力才能保留。我們必須一遍又一遍地重複我們的故事，或者將它們深藏在我們的心靈組織當中。否則，我們靈魂的本性，就是要褪去痛苦經驗的外殼，只留下這些經驗所產生的智慧珍珠。我們不應該一直攜帶著破碎的外殼。

創造的神祕秩序是有邏輯的。有選擇和後果、原因和結果，以及行為和反應。我們可以追蹤我們自己選擇與後果的創造力量。我們可以反思我們的行為和反應。我們是創造的驅動力，參與了發生在我們身上這麼多的動態。沒有神會攻擊我們，是我們經常攻擊自己的生活。舉例來說，帶著怒意醒來，就是對於你自己生活的攻擊。活在憤怒的狀態下是種充滿能量的選擇，會產生強大的後果。背叛的行為也會產生類似的後果。不論你是背叛別人，或者背叛自己的誠信，都無關緊要。背叛就是背叛。

情緒的藉口在創造法則下無足輕重。想想萬有引力定律。假如有個人從樓頂把你推下來，你就會墜落，不論你對這件事感到悲傷或快樂。情緒不會影響重力作用。上天也是如此。上天不是父母，而是法則、選擇和後果的支配系統。過去我們相信，人生應該是簡單、公平、公正，或者任何不同於它一直以來的樣子。是時候擺脫這樣的信念所造成的負擔了。

人生就是選擇與後果、行為和反應的一段旅程。要憑著信仰還是恐懼來為人生導航，都取決於你。而這段人生旅程現在已經變成跟靈魂尺度一樣大，擁抱著我們所有人。

恩典

堅韌（fortitude）的恩典感覺跟其他恩典都不一樣。它在你內心爆發，就像一份不熟悉的勇氣轟炸，彷彿來自遠方的陪伴業已到來。堅韌用自己的聲音跟你說話，只會吐露一、兩個字而已，但恰恰足以帶領你度過最黑暗的時刻。

主啊，請賜給我堅韌的恩典，尤其是當我在夜裡被鬼魅侵擾，面對最虛弱的自我與最深的恐懼的時候。這種時候我需要祢的陪伴。我可能看不見祢，但在靈魂中，我知道自己並不孤單。

56 我知道今日祢將來訊

禱詞

我期待每天都能收到祢的訊息，而我從未失望過。但我總是感到震驚——非常震驚。禱告會被回應，或者我會感覺到祢在我身邊。我可能會注意到花園裡的某個東西——我每天都看到的東西，只是今天它突然看起來很不尋常。就像以前發生過很多次的情況一樣，我會停下來，驚嘆於這棵樹或那朵花所顯現的一些隱而未顯的特質。

在這個世界上，祢永無休止地向我們展現祢自己。聖女大德蘭說：「在微小的細節中尋找上帝。」我多麼仰慕她的智慧。祢就在我們生活中最微小的細節裡，在每一個細節中。祢怎麼可能不在呢？祢就是萬物本身。有什麼不是祢？佛陀教導我們，分離是幻覺，全是幻覺。這是一個很大、非常巨大，巨大到難以掌握的真理。然而，沒有比這個更豁達的真理了。

我經常看到祢把自己的道理融入到一個人的生活中，悄無聲息地擾亂他們井然有序的存在。很多人都沒有意識到，當混亂橫掃他們的生活時，就意味著祢已經大張旗鼓地回應召喚了。我常常告訴人們，人類還不夠天才，沒辦法創造出他們現在面臨的各種問題。只有祢能做到。只有祢能夠讓一個人在很短的時間裡徹底改變。就像那樣。也只有祢能夠用召喚一個人的配偶或子女回到天上，來徹底擊垮他。這是真的，主啊；祢給了狠狠的一擊。沒有辦法跟祢爭論，也沒有辦法反擊。我曾經嘗試過，每次都輸給了祢。

我不得不接受生命原本的樣子。變老和死亡會降臨到我們所有人身上。出生和喜悅也是。還有愛與友情。至少生命的本質是公平的；在這點上，我認同祢。而祢永遠不會不回應禱告——永遠不會。

指引

對我來說，神聖已經變得不只是神祕的聲音，也是有機的聲音。生活中沒有什麼可以跟神聖和聖潔的一切分開的。一切都是神性的一部分。從那種神祕的高度來看，所有的生命都一起呼吸、發聲、禱告和療癒。存在於個體中的，也存在於整體。宇宙的神祕法則，就是活生生、會呼吸的創造工具。禱告是宇宙的親密語言，是我們共同創造世界所用的神聖聲音。

恩典

靜謐是種直接來自於神之祝福的恩典狀態。聖女大德蘭將靜謐描述成一種深度的神祕經驗，在其中，一個人會被深刻的內心平靜所征服。這種狀態遠遠超過當你不用再擔心某事時所獲得的平和感。靜謐是種神祕狀態。大德蘭似乎暗示著靜謐超越了我們五感的邊界，將個人帶入一種宇宙狀態的幸福之中。她留意到，一旦她回歸自己的身心之後，那種靜謐的恩典還會在她內心裡存留很長一段時間——一種持續滋養她靈魂的活躍之光。

主啊，我會用這個禱告在自己的靈魂裡點亮一盞燭光，在靜默中等待著祢。我祈求靜謐的祝福以任何我能吸收其恩典的方式降臨。

57 無家者

禱詞

主啊，真的很奇怪，我今天會聊到無家者，是跟一個到我家附近拜訪的男人聊到這個話題的。我看得出來，他是個非常善良的好人。同時他也是個非常老派的人，相信在這個世界上每個人都必須肩負起自己的責任，就這麼簡單，有上帝為證。

我明白他在說什麼，主啊，而我會說我為自己感到驕傲。在我年輕氣盛的時候，我會跟他進行一場激烈的唇槍舌戰。但相反的，現在我能夠從同情的角度出發，跟他談論現今社會的苦難——而他也能夠聽得進去。我能夠感受到我對他敞開心扉，而我也能感覺到他在放鬆的狀態下投入聊天。他承認，並非每個人都同樣有能力照顧自己。

主啊，我很想要下載一種宇宙視角，來說明目前正在發生什麼。在那一刻，我可以感覺到我的頭腦、我的靈魂、我的存在，都隨著這個我們正生活其中的過渡時刻的深度、寬度和強度在旋轉。不，這不是我們所面對的「無家者的問題」。慈善已經不再是解決問題的方法。

我們正在踏上進入新紀元和新星球社區的旅程。我們已經進入時間與空間、能量與物質之間的區域。我們是正在離開舊世界，但還沒有完全進入新世界的世代。我們這個世代將會目睹國與國的疆界、我們的貨幣，以及我們熟悉的方式消失不見。我們將不會活著看到新世界的出現——

至少不會在這個軀殼裡。無家者與難民的人數將會激增，而不是減少。這一次將會極度考驗我們的人性。

有些人可能會退回幻想中，以為我們可以回到舊世界，停止這種進化的轉變。但現在放慢腳步已經太遲了。在我們的能量本質主導我們的生物設計時，我們的直覺智能就會一直發展和擴張。我們已經無法回頭了。所以，主啊，未來會是怎樣的呢？我們將會做出怎樣的決定？我們會進入靈魂的力量，還是會退回自己恐懼的黑暗之中？祢可能也在想這件事——當然，祢已經知道答案了。

指引

指引是件奇怪的事。我們在禱告與念頭的私密性之中，是否在尋求如何操縱我們的過去或者現在的深刻見解？還是我們在尋求對於尚未展開世界的洞察？是什麼讓我們動念禱告尋求指引？我們頻繁地被恐懼所驅使——害怕我們預期可能發生但很少會發生的事，例如無家可歸。

很久以前我就明白，其他人對於無家者的殘酷反應，正是他們攻擊無家可歸這個恐怖惡鬼的方式：一種阻止可怕經驗進入他們生活的方式。「我努力工作，」這些人對命運之神說：「因此，離我遠點。」人們真的相信無家者是自己想要在街上遊蕩，忍飢受凍，被剝奪尊嚴嗎？或者難民們是自己想要遠離他們的家園與親人，過著完全漂泊無定的生活嗎？這些時刻，不僅是對於我們錢包的挑戰，更是對於我們靈魂的考驗。我們對生存的所有恐懼都會浮上檯面。

根據神祕的真理，我們都是一體的，而這個真理會透過我們面臨的每一個情況告訴我們——

從無家可歸的人，到我們發起的善行善舉。在這些日子裡，當我們尋求指引時，應該帶著這段人生旅程不是唯我獨行的理解。我們每天都應該禱告：我需要知道什麼，或者做些什麼，才能對整體做出最好的貢獻？

恩典

清晰（clarity）（看得清楚）是種突然來到我們身邊的恩典，像是突然戴上清晰的鏡片。在那一刻，前一秒我們還看不見或不明白的東西就揭示在我們眼前。不過，這不是用來證明我們在某種程度上贏得爭論，也不是用來證明另一個人是錯的。這種恩典所帶來的，是種超越自我需求的清晰，並為解決問題指出一條明路。

> 主啊，請賜給我清晰的恩典，特別是在我忘記關於今生的真相時。我很容易且自然地就會只想到我自己。但一個充滿了自私自利人們的星球，無法在靈性上永續。在作為一個人以及靈性上，我們必須變得更好。

58 生之崇高

禱詞

今天，我看到了一個新生兒——一個全新的、上天新鮮送達的靈魂。她的媽媽抱著她，是那樣溫柔，那樣慈愛。我可以看得出來，她很驚訝自己把一個人帶到這個世界上，而且就在她自己身體裡長大的。我很喜歡祢派遣天使護送靈魂降生到塵世生活。而我也很感激，在時間到了的時候，我們也會有天使護送回屬靈的家園。

主啊，我記得非常清楚，也時常回想起在父親離開我們之前的日子裡，是怎樣瞥見護送他的天使的。我從中找到了安慰，儘管在即將跟他告別時，我仍然免不了心碎。這俗世的人生是多麼短暫。人生過得飛快，眨眼間就過完——然而我們一旦到達彼岸，就會忘記這個事實。

所以，今天當我看著這個可愛的新生兒，被包裹得嚴嚴實實的，準備好要迎接人生的冒險，我忍不住想知道：主啊，她是誰？她將會做什麼？她會影響多少生命？在她的一生中，有多少愛會經過她？噢，這所有的事情，都是一個人可以做出來的。我們真的是奇蹟。我好奇祢是怎麼想到要這樣設計人類的，以及在祢廣闊的宇宙中，還有什麼其他像我們這樣的生物，在遠方生活著。

我們根本就無法理解祢的浩瀚無垠。難怪有些人寧願認為祢根本不存在。事實上，這比較容易讓人相信。祢讓人太難以接受、太難以理解了，太難塞進我們人類小小的腦袋裡。大多數的時間裡，大多數人都不記得他們的鑰匙放在哪裡，所以他們怎麼可能會了解祢的本質呢？

就我個人而言，我跟敬畏（awe）的小小相遇，這個生命每一秒、每一個分子、每一次呼吸真正崇高的微型神祕領會，已經讓我感到滿足。我在生活中最微小的細節裡找到祢，祢總是隱藏在真正令人驚嘆的一切之中。就像是一個人類新生命的到來。對我來說，這絕對是崇高無比的。

指引

你可能沒有意識到，我們有多麼需要敬畏的體驗。我們需要對聖光「肅然起敬」，被那種突然的親密感擊中心臟，感覺到我們是被理解、被照看，以及被（容我說這個詞）愛著的。這不是人類情感意義上的「愛」。相反地，我所說的是宇宙層級、非個人性，但深度真切多元的愛。「無條件的愛」是個很流行的詞彙，但大多數人只會將它與不批判他人、不被別人評斷聯想在一起。這跟遇見聖光所傳遞出來的愛相去甚遠。

想像一下，你出生和成長在一個黑暗、骯髒、煙霧迷漫的地牢裡，從來沒有見過陽光，也沒有呼吸過新鮮空氣。然後有一天，你找到了一個你從來沒有注意到的門，推開了它。於是，你就到了那裡，在一個怡人的夏日，站在翠綠的草地上。蔚藍的天空，點綴著如冰淇淋般迷人的雲朵。清新的空氣中洋溢著花香。看到這個閃閃發光的新世界，你感到目眩神迷。你體內的每一個分子都變得興奮，突然發現自己置身於將幸福感最大化的氛圍中：新鮮的空氣、明亮的光線、乾淨的水，以及溫暖的感受。

一秒後，門關上了，你回到了那個黑暗、陰鬱又骯髒的地牢裡，繼續為生存而戰。只是現在一切都變了。你試著告訴人們，有另一個世界的存在，而且你找到出去的路了。有一扇門通往一個難以描述的奇妙宇宙。只是沒有人相信你。你發現，敬畏的體驗（神聖經驗）是無法傳遞的。這種經驗是直接賦予你的，是給你的，而且只有你。

但現在你知道你屬於哪裡。你也知道，你必須回去。與聖光的一次相遇，哪怕只有一秒，就足以讓你在餘生中再度去尋找它。

恩典

敬畏的恩典是靈魂的甘露水。我們渴望處於敬畏的狀態。我們用各種方法去尋找它，認為日出日落、海景、攀登上最高峰，或者潛入海底謎樣的地方，在某種程度上都能激發敬畏。它們的確可以——但只能維持一秒鐘。另一方面，敬畏的恩典會留在你的靈魂裡，就像甜美的香氛一樣，用改變過的現實充滿你所有的感官——不論你在看什麼，不論你站在哪裡。所有的生命都變成神聖的表達。在那種突然的領悟中，沒有其他的恩典能夠停駐，只有敬畏而已。

我知道我正在尋求敬畏的恩典，主啊，因為我仍然在尋找。總感覺少了什麼，那缺少的，就是祢我還沒有見面。我還沒有用那種方式感知到祢，那種會讓我驚嘆到忘了呼吸，再用恩典取而代之的方式。但我把祢的禱告牢記於心——去尋找，而且我將會找到。

59 忍耐力

禱詞

主啊，我需要跟祢一起禱告，在我感到困惑的事情上尋求指引。困惑對我來說，並不是很舒服的事。人們經常要求我解釋事情為什麼會這樣發生，而我似乎永遠無法提供他們想要的答案。有很多人想知道，為什麼對他們或他們所愛的人來說，事情會這麼困難。坦白說，那正是我今天對祢所說的禱告。

通常，我可以自己解答這個疑問。在這件事情上，我對這個宇宙、對於祢，並沒有像孩子般的看法。從很久以前，我就排除了祢的「父親形象」。儘管如此，我知道祢永遠都在，不論在多困難的時刻，或者多困難的狀況下。

我曾經多次向祢祈求忍耐的恩典。而不只一次，我想知道自己怎麼會落入一個特別駭人的境地裡。然而，不論事情變得多麼困難，我都不會去猜想祢在做什麼。我只會想著要怎麼度過。我知道我必須忍受每一個體驗。不論我多麼深信著祢，對於任何人生經驗，我都不會是例外。

我早已不再想像生活應該要公平對待或饒過我和我所愛的人。我禱告的目的，不是要說服祢為我們改變生活的本質。祢肯定沒有把耶穌或佛陀的生活變得特別輕鬆。他們的教誨都是關於如何忍受生活中的挑戰，不可避免的痛苦，以及如何避免增加不必要的痛苦。耶穌創造了無盡的奇蹟，總是教導我們上天的力量是如何透過信仰，代表我們來操縱宇宙法則的。

主啊，這些年來，我學到人生中的許多苦難都不是必然。我們不必生氣、憤恨或報復。我們不必狡詐、自私、固執或不誠實。這些選擇會導致更多的痛苦——就是這樣。我們要怪，就只能怪自己黑暗行為的後果。在我們懂得這個真理並完全用它來生活之前，我們需要忍耐的恩典。我們需要祢的幫助來度過苦難，而這些苦難，是來自於我們需要認為自己是特殊、不平凡的，不屬於整體的一部分。

指引

顯而易見地，你會需要忍耐（endurance）的恩典，來支持你度過照顧家人的經歷，或者影響生計的經濟過渡期。但很少有人想過，他們有多需要忍耐的恩典，幫助他們安然度過與自己內在陰影的戰爭。有多少次我們想著：「我恨自己說了那句話。」或者「我知道其實我可以更和善，但我沒有。」我們對自己的行為感到很糟糕，於是我們向自己保證，下次再遇到這個或那個人的時候，我們會做得更好。

與此同時，我們必須處理不良的後果，以及我們的行為在內心引發的罪惡感。我們常常答應自己，下一次我們會做的更好。但事實是，跟我們的陰影做內心的鬥爭並不容易——一點也不容易。這是股冷酷無情的力量，也是很多自身所產生痛苦的來源。要打破我們既定的陰影模式，需要我們對自己做出堅定的承諾，真正做到下一次更好——而且是認真的。我們需要忍受自己的失敗，尤其是當我們確實致力於成為更好的自己時。

忍耐的恩典不只是提供神聖的支持力量，給那些待在需要照護的人床邊的照顧者。這種恩典會支持著我們，度過在靈性道路上我們所必須忍受的一切——包括我們自己的失敗。

恩典

誰會不需要忍耐的恩典？我們不能逃避我們被要求處理的事情，或者我們被分配照顧的人，就像在我們需要的時候，不會想要我們的照顧者拋棄我們一樣。上面提到的照顧者也不得不忍受我們的缺點和痛苦。而當這種寶貴的恩典被賜給那些我們所仰賴的人時，我們將會感到無比感激。

> 主啊，請賜給我忍耐的恩典，不只是為了我，也是為了其他人。請提醒我，有一天，我將會需要別人來忍受我：到那一天，我會變得虛弱、老邁和脆弱。人生就是我能量的投資。在這件事情上，每天我都多學會一點。

60 聖人是真實存在的

禱詞

主啊，很多人不相信聖人的存在。我也不是說要責怪他們。今天我提到這件事，是因為我想我遇到了那群安靜、低調且具有聖人氣質的人之中的一個。我認為祢已經把祢的聖人樣板現代化了。祢不再把他們藏在修道院裡。祢四處召喚人們從事艱苦的無私服務。當我靠近時，就能夠辨認出恩典和神聖，而這位女士身上就有這樣的印記。

我當然沒有跟她說我的想法。我永遠不會這樣做。但我深受她安排自己的生活來照顧無助的人和無家者（還包括了動物）的方式而感動。她告訴我一些她試著幫助這個或那個人的故事，這些故事都令我震驚。每個故事聽起來都像是上天以這些服務世界的人之名來調動所有力量的大事記。

只有一次，她提到：「我發誓，在這件事情上，我得到了上天的幫助。」那天，她把錢包忘在家裡，但在她幫五個無家者點了外帶之後，才赫然發現這件事。那些無家者正在餐廳對面的停車場等著，眼巴巴地望著門口，期待她帶著他們的餐點走出餐廳。在發現自己身上沒有錢之後，她正想開口問經理，願不願意給她足夠的時間拿錢來還。但就在那當下（就在她還沒有透露任何關於自己的狀況之前），另一位女士把一張一百美元的鈔票放在櫃臺上。「讓我來付吧，」她說，然後就離開了。

這位聖人女士一面告訴我這個故事，一面笑了。她說：「你知道嗎，我認為上帝選中我來幫助其他人，是因為我自己非常需要幫助。幫忙付了那五份餐點錢的女士並不知道我忘了帶錢包！但出於某種原因，她把一張一百美元的鈔票拍在櫃檯上，然後就走了。她甚至沒有等找零，所以我把找的錢給了那些無家者，讓他們有錢買下一頓飯。不知道為什麼，每當我試著為其他人做什麼，事情就會很順利。」

主啊，她的最後一句話讓我屏息。就好像她正在導引恩典——活生生證明了上天會派遣使者幫助那些有意幫助別人的人。能遇見這個人，我感到非常幸運。

指引

人生是一段充滿矛盾的旅程。我有很多像這樣不尋常的奇蹟故事——而它們就是奇蹟。然而，我也有很多關於人們苦苦等待奇蹟到來，就像在大排長龍的隊伍之中的故事。我已經被問過很多次，要我「解釋上帝為什麼沒有出現」。事實就是，我無法解釋。我不知道為什麼有一天會有一個人（或者天使）被派來付清五個飢餓又無家可歸的人的帳單——與此同時，地球上有成千上萬的人（包括無助的孩童）還在飢餓地四處漂泊。

我不知道，我花了過多的時間去猜想、禱告和等待這個問題的指引。但這是個用人的角度、人的邏輯所問的問題。這個問題假設了神的工作就是補足我們可以為彼此做的一切，但選擇不去做。我們可以分享更多，我們可以減少恐懼，我們可以減少仇恨，我們可以用更好的方式去認識全體人類的人性。我們只是還沒有很擅長去做這些事而已。當有人克服這些挑戰，仍然會讓我們感到震驚。我們會認為他們出類拔萃，甚至會覺得他們是聖人。但這種對陌生人的同情不該如此罕見，不該只出現在極度需要的時候，例如洪災或其他災難時。

在一個理想世界裡，同情需要幫助的人應該是第二天性，是發自內心的，因為存在於一個人內心的痛苦，也存在於我們所有人身上。令人難過的事實是，我們害怕受苦的群眾。我們會避開從陌生人身上看到的痛苦，因為在內心深處，我們知道，他們的痛苦也很可能是我們的。轉瞬間，我們生活中的環境就可能改變，而我們可能會易地而處。這樣的想法令人感到太過痛苦，因此我們會完全避開它。

恩典

同情不是種精神力，而是種恩典。同情會召喚我們以讓理性困惑的方式行事。同情不會衡量一個人原本應該做什麼或本來可以做什麼。同情消除了自以為是的道德優越感，促使我們採取行動，就像在我們最需要的時候希望別人對待我們的方式一樣。

主啊，我需要同情的恩典——以及勇氣的恩典，讓同情心在我身上發揮作用。如果我試圖控制我自己的感受以及對別人的感受，同情又有什麼好處呢？我必須面對自己害怕對陌生人敞開心扉的恐懼。這是我真的很害怕的事情。我的心習慣辨別那些已經住在裡面的人。為陌生人開放空間完全是另一回事。老實說，我不知道我的心能否承受那些我不認識的人的重量。我就站在抉擇的十字路口。但除此之外，我還能做什麼？封閉我的心嗎？如果我害怕去愛，又怎麼能祈求什麼？

61 瘋狂地禱告吧

禱詞

主啊，現在我已經受夠了。你真的需要找其他人來做這份工作。越來越多人來問我如何禱告。我告訴人們：「要像發了瘋一樣禱告。」我告訴人們，在說話時要當成祢在聽的樣子——雖然聽起來很像是自言自語。我告訴他們，不要把祢當成偉大的宇宙送禮者，也就是聖誕老人。因為事實上，祢是偉大的隱藏資源。人類只是不習慣祢的行事風格，那種透過恩典在幕後操縱我們人生的方式。

我告訴一個人這樣禱告：「主啊，請幫我找到一條出路，並在夜晚守護我，讓我可以睡個安穩的覺。」我告訴他，不要建議祢怎樣解決問題。信任祢，把處理細節的事交給祢。

人們害怕臣服於祢。我們幾乎不曾說過臣服的禱告。正如我指出的，這是種證明我們確實有多少信仰的有趣方式。我們害怕祢在宇宙的某個地方盤旋，等待我們說出那個令人畏懼的詞：「臣服」。我們擔心祢會席捲而來，並奪取我們俗世的資源，彷彿祢將要做的，就是重新組織我們已經生活其中的混亂和瘋狂。而這看起來似乎增加了更多的混亂和瘋狂，至少在一段時間裡是這樣。

然而，無可避免的，祢的道路才是通路。我告訴人們，要像發了瘋一樣禱告，就好像除了恐懼之外，沒什麼可以失去的。如果這就是瘋狂，我願意接受。

指引

讓我告訴你，什麼是瘋狂：一直緊抓著那些很久以前就應該療癒或放下的痛苦或創傷不放，維持只會傷害健康的壓力模式，繼續那些根本上是破壞性的行為模式。那才是瘋狂。將你的信仰問題交給神聖並不瘋狂；這是宇宙層級的解放，讓你的靈魂重獲自由。

用除了恐懼以外沒有其他好失去的樣子去禱告。我已經對很多人說過這句話，並看到他們對向祢釋放他們恐懼的想法感到畏懼。為什麼呢？因為他們意識到，他們的恐懼能讓他們定錨在他們所熟悉的世界。他們知道，一個臣服的禱告具有讓他們擺脫痛苦的力量。然而，很多人都缺乏拉動那個轉轍把手的信心。於是他們退回到懷疑之中，忍受其中的黑暗與痛苦。他們要求保證，如果他們臣服於神聖會發生什麼事。但信仰不是這樣運作的。信仰是走進未知的力量。

讓我們面對現實吧——有什麼不是未知的？你真的知道明天有什麼事會發生在你身上嗎？你認為你知道，但其實你並不知道。你根本毫無頭緒。我們沒有人知道。我們只能希望我們的世界還是熟悉的樣子。但事實是，我們一直都生活在臣服的狀態中，只是我們沒有足夠的意識認識到這點。

恩典

瘋狂的信仰不僅僅是信仰而已。這是拋棄一切的信仰——大膽又出乎意料的信仰。這種信仰認為，奇蹟不只可能，而且時時刻刻都在發生。

主啊，我需要祢——而且現在就需要。我需要幫助，並且不在乎幫助怎麼來的。把它帶過來就對了。我需要指引。請儘快把一些指示下載到我的靈魂裡。我把一切都交給祢，而且我一直在聆聽祢的教誨。

62 什麼是真實？

禱詞

主啊，在有些時候，我們必須意識到我們對另一個人的幫助是多麼有限，更別提療癒他們了。我們盡自己的力量，但其餘的事就要靠祢了。我越來越常看見這個事實，尤其是當談到人們在自己意識深處所承受的痛苦時。

現在我們已經跨越了心智的界限。我們在內心的空間裡跋涉，就像太空人一樣，探索著靈魂的宇宙景觀。誰知道我們的內心儲存了什麼？我們打開了多少祕密的傳送門，或許是前世——甚至是未來的轉世？我知道靈魂是我們永恆的一部分，住在這個暫時的形式之中。我們同時是永恆與暫時、肉體與精神、能量與物質。主啊，或許我們的永恆維度，那個內在的神聖領地，需要我們花好幾個世紀的時間才能理解。

我的觀察告訴我，人類的痛苦最近升高了好幾級。我目睹了越來越多的人迷失在內在自我的遼闊景觀裡。我看見他們打開了他們無法探索（或者沒有意識到他們必須要探索）來療癒的黑暗儲槽。這是聖禮和神聖儀式所扮演的角色嗎？我重新開始猜想，我們有多需要祝福與保護看不見的那部份自己。我們甚至不擅長照顧我們可以看見的那部分自己，所以對於我們不知道怎麼照顧自己靈魂的需要，我也不該感到驚訝。

我跟一個像這樣的人非常親近，從她出生開始，我就認識她，並愛著她。一年又一年，我看著她一步步走進自己的黑暗裡，越來越沒辦法找到她回歸的路——回到此時此地，回到當下這一刻，回到我們所有人都能聽到的聲音（包括彼此的聲音）。主啊，她告訴我，她再也無法分辨什麼是真，什麼是假。她實際生活的經驗是真實的，但她已經把自己的重心轉移到永恆的維度之中。我可以看到這一點。她在那裡所經歷的，跟物理時間中發生的那種「真實」不一樣。可悲的是，她無法分辨其中的差別。她清醒的時間和作夢的時間互相衝突。

主啊，這種情況被認為是一種病。但真的是嗎？經歷永恆是種病嗎？我們是不是害怕辨別出這種經驗真正是什麼，害怕進入醫學的神祕階段？這些人透過他們的煎熬和痛苦，正在帶領現代醫學研究人員進入古老的神聖領域之中，儘管只是間接的作用。對此我深信不移：主啊，會有那麼一天，醫生將會用禱告和沉思作為治療內在自我的處方。很明顯地，靈魂的疾病是存在的，而禱告是唯一有效的藥。

指引

現實是個非常流動性的詞，因為現實是主觀的。我們確實創造了我們自己的「現實」。例如，在我的世界裡，萊姆綠是被禁止的。我厭惡那個顏色。它不存在於我個人的微型星球上。在屬於我的地球上，動物不會受到傷害，而且絕對沒有亂丟垃圾這回事——到了一種偏執的地步。

我們所有人都制定了我們微型星球上的生活規則。而除了行為、清潔、噪音等級和維持身體秩序之外，我們還根據生活中可能或不可能發生的經驗，來決定什麼是我們認為真實的。例如，純科學的頭腦不接受任何發生在科學定律之外的事物。這種立場會自動假定任何神祕經驗都是異常或幻覺。

我記得，在一九八〇年代中期，我曾經跟一位在史達林政權下長大的俄羅斯科學家共進晚餐。她已經是個富有聲望的化學教授，以無神論觀點而聞名，經常公開談論這些觀點。然後，她因為一場嚴重的車禍而有了一次瀕死經驗。在一分鐘的死亡過程裡，她離開了身體，遇到了神聖，以及她的引導天使。她感受到自己被愛淹沒，也意識到宇宙到處都有神聖的存在。她告訴我，她被指示回到她的身體，同時也告誡她，她必須離開學術工作，成為一名治療師。

她說，接下來的幾個星期，當她走在校園裡時，總感覺好像被天使跟蹤了一樣。她害怕告訴任何人她的經歷，因為她怕被當成瘋子，丟了工作。她笑著補充道，她以野心勃勃與作風強勢著稱。沒有人會找她幫忙，甚至找她傾訴，更別提請求她治療了。但在她經歷過瀕死經驗後，學生開始找她，不是為了學術問題求助，而是為了解決個人問題。她告訴我，她感覺自己被困住了，就好像「上面有什麼東西」（她無法讓自己說出「神」這個詞）執意要照「它」的意思去做。然後她生了重病，不得不休息一個學期。就在她生病的期間，學校請來了一位學界的超級明星，原本只是要暫代她一個學期，卻取代她肩負起許多職責。之後，她失業了；而出於需要，她肩負起使命成為治療師。她從科學世界中被召喚出來，進入了神祕世界之中。在她的瀕死經驗中發生了現實的衝突，最終，她開始了治療師的工作。

最近，我們的內在與外在現實正在發生衝突。我在我所遇見人們的生活中一直看到這些衝突。我們可能會在過程中變得非常迷惘，甚至到了懷疑究竟什麼才是真實的程度。

恩典

信任的恩典不僅僅是這個小小的詞彙所傳達的意思而已。神祕經驗會重新塑造你的內在世界，把它變成一個很少有人能接觸到的地方，尤其是在我們這個現代科技世界之中。我們喜歡電視裡的奇幻世界——擁有想像朋友與神奇力量的虛構角色，是因為我們渴望這種可能性——或許，只是或許，這種力量是真實的。

神祕經驗不是魔法，但的確是「超凡脫俗」的。舉例來說，你無法向大眾證明你曾經有過瀕死經驗。你只能講述死亡是什麼感覺，遇到光的通道和一個充滿愛的神聖存在是什麼感覺。但你沒辦法證明你說的任何一個字。最終，你需要相信你確實有過這個經驗——即使你周圍沒有任何一個人曾經造訪過那樣的現實。信任的恩典讓你有能力堅持你所知道的真理，不論別人怎麼懷疑，或者世界告訴你什麼是可能或不可能的事。

主啊，在我自己的內在旅程中，請賜給我信任的恩典。請幫助我越來越相信自己內在的指引，並且相信我正清楚地聽見祢的聲音。

63 因神的恩典，我得倖免於難

禱詞

主啊，今天我只想跟祢說說話。我想要告訴祢今天發生的事。我想跟祢說說話，分享我內心覺醒的部分。我記得在小時候一次又一次聽見「因神的恩典，我得倖免於難」這句格言。每隔一段時間，我就會聽到修女們這麼說。身為一個小孩，我很喜歡這句話聽起來的聲音，似乎裡面藏著偉大的智慧珠玉，幾乎就像一個由簡單詞彙組成的藏寶箱，串在一起，傳達了一個強大的真理。

「因神的恩典，我得倖免於難。」主啊，這個真理今天從我記憶的塵埃中爆發出來。開始的時候，就跟那些無所事事的日子一樣，但最終卻變成了命運的轉捩點。這就是為什麼我會懷疑祢插手其中的原因。

今天很適合散步，因此我就這麼做了。幾個小時後，我一面喝著冰紅茶，一面坐在公園的長椅上查看我的訊息。我完全沒有注意到幾分鐘後坐在長椅另一端的那個人。為什麼我應該注意到呢？然後，他問我是否能幫他買一杯冰紅茶。主啊，我一眼就看出他是個無家者。我問他，在我幫他買飲料時，要不要順便帶一個三明治。他說好。

我認為祢已經知道這個故事的後續了，因此我告訴祢，或許只是為了擺脫我內心的痛苦。我把他的餐點給他之後，就急忙轉身離開了，但他跟我說，他討厭一個人吃飯，請求我陪陪他。我必須向祢承認，我感覺很不自在——我的意思是，打從心底的難受。但我就在自己熟悉的公園裡，而且是在大白天。我也明白一個事實：我並不怕他，我害怕的，是他的痛苦。所以，我就坐在那裡，看著他咬下一口三明治，然後喝了一口飲料。然後他開口了。

「我知道，你很想要離我遠遠的，」他說：「我知道，坐在我旁邊讓你感到不舒服。你不認識我，也對我一無所知。我是個老兵。我腦袋裡的戰爭永無休止。我現在只是想要找個安靜的地方待著，例如這個公園。就只是這樣。」

主啊，我的心開始痛了起來。我可以感受到在我胸口的疼痛炸開。我的眼中蓄滿了淚水，然後在我腦海中唯一聽見的，就是「因神的恩典，我得倖免於難」。為什麼是他，不是我？為什麼我能倖免於這個男人所受的痛苦？原本可能是我被送去打仗，被迫傷害其他人，或者面對一些其他難以想像的恐怖——但我沒有。或者，我本來可能會在年輕的時候目睹噩夢般的慘劇，或者可能會變成難民。在我睡著的時候，炸彈可能會落在我家。但我都沒有經歷過這些邪惡的事。我不必忍飢受凍、流落街頭、舉目無親，也沒有缺手缺腳。

當我坐在那個男人身邊時，主啊，我感受到自己的整個人生都在重新自我塑造，變成一個簡單卻具有深刻意義的感恩與恩典的禱告。主啊，這個男人改變了我的生命。

指引

當我跟這個我永遠會銘記在心的陌生人一起坐在長椅上時，我不禁敏銳地意識到，儘管我們在同一個公園裡，坐在同一張長椅上，但卻活在兩個截然不同的現實裡。他的腦袋裡充滿了子彈、血腥、飢餓與絕望。而我則能夠選擇在電視上觀看這些——或者不看。無論如何，他都沒辦法關掉自己內心的電視。

業力這個詞似乎掌握了我們人生中具有無數差異之謎的祕密。但我不知道該說些什麼。我不相信神聖會按照我們的方式來進行計算。我們的一生是我們唯一能夠想像的人生，因此我們把所有的雞蛋都放在這個籃子裡。然而，如果我們能夠想像我們整個旅程的廣闊，會怎麼樣呢？我們會怎樣珍惜每一生呢？我不知道。或許我們被阻止獲得這類的知識，因為反正這些都不重要。重要的是，我們一起做了什麼，我們為彼此做了什麼——在此時與此地。每一天都是新的開始，新的恩賜。

想像一下這個真理：你所遇見的每個人，都具有可能改變你餘生的力量。如果真的是這樣（而且……確實如此），你會如何改變自己的生活方式？

恩典

有時候，我們需要被提醒感恩的恩典，而這並不總是那麼容易。每一天，我都會對自己以前不明白或沒有意識到的事變得更有意識。我知道我應該感謝我所擁有的一切，但現在我意識到，我也應該感謝我所沒有的一切，我所倖免的一切。我沒有戰爭的創傷回憶，也沒有成為不被待見的難民所留下的傷疤，更沒有無家可歸的恐懼。因神的恩典，我得倖免於難。

主啊，我永遠不知道會在哪裡找到祢，或者祢會怎樣跟我說話，以及透過誰跟我說話。有時候是透過陌生人，有時候是透過朋友或家人。每一次我都會再次被提醒，要感謝我所擁有的一切——以及我沒有的一切。如果我很慶幸自己能倖免於難，主啊，請給我同情的恩典，來幫助那些正在受苦的人。

64 氛圍中的焦慮

禱詞

主啊，我今天有著滿滿的焦慮感，但卻不知道是為什麼。我感覺自己彷彿在孕育災難的氛圍中前行。這些災難可能會發生，也可能不會；可能是在醞釀中，也可能不是。我的頭腦無法集中注意力，跟隨而來想法和情緒就像在我眼睛後面閃爍的破碎光芒。在這內心的混亂之中，我習以為常的清晰指引——像是一條溫柔安靜的微小水流，流過我心的指引——似乎變得無法觸及。因此，我問祢：「這些暗潮洶湧的來源是什麼？我該怎麼理解它們？」

最近，我們是不是就該忍受焦慮風暴，就好像我們每個人必須處理自己貢獻在空氣中超負荷的精神自由基一樣？或許這種焦慮跟個人無關，我們所有人都在解決其中的一小部分。我們是一群有機清潔工，每個人都代表了整體在工作，將我們的能量回收到集體之中。或許這就是「存在於個體中的，也存在於整體」法則的運作方式。

我可以整天搜尋這種焦慮的來源，但我會找到什麼？什麼讓我焦慮？我無法忍受噪音，但我家很安靜，所以不可能是這個。我沒有需要解決的重大衝突，至少當下沒有。或許，有些我還沒有意識到的東西正在浮現，但很快地，我就會知道？祢以前常常溫柔地提醒我人生中即將到來的改變，用耳語將順勢療法的指引送進我的恩典場域，然後再進入我的意識思維之中。我總是感覺到那種耳語。我知道訊息已經送出來了，但我很少能在當下就解讀內容。或許這種焦慮就是這樣的訊息。無論如何，我仍然必須處理這種讓我在家不停來回踱步，令人崩潰的氛圍。

然而……當我閉上眼睛深呼吸，想像著恩典安撫著我的整個存在，焦慮就停止了。穿過那個巨型的佛陀幻象，我的振動又超脫了一個層次。當我透過呼吸將恩典吸入體內時，周圍的實體世界並沒有任何改變，但不知為何，我感覺自己不再被低迷的氣氛所控制，就好像我已經關掉了街上的噪音，打開了巴哈的樂曲。

主啊，我一次又一次地了解到，我們所居住的這個宇宙是個奇妙的創造，是由無盡的色彩、聲音與振動場所組成的有意識設計。靈魂會帶領著我們通過所有眼睛看不見的一切。主啊，或許焦慮是另一種方式，提醒我們必須意識到我們人生的無形景觀中所存在的一切。

指引

為我們的感覺尋找理由，以及為我們的不舒服尋找快速的解方，看起來就像是我們會做的事。但如果令我們不安的原因不明顯也不尋常的話，該怎麼辦？如果我們現在所經歷的焦慮流行不是源自於個人，而是源自於共享的某種東西，源自於我們集體靈魂所產生的某種東西，又該怎麼辦呢？這是需要花一點時間（或者再三反覆）思考的想法。

思考一下所有生命都一起呼吸的真理。我們是能量的生物，會不斷將能量釋放到空氣中。我們的能量混合在一起，創造了一種氛圍，反過來設定了我們所呼吸的氧氣所帶有的能量基調。隨著我們集體感知與體驗以指數速度發生的全球性變化，我們正在變成一個越來越焦慮的人類社群。我們活在一種越來越無助的感覺裡，覺得我們無法進行我們的常識（以及我們的人性）原本引導我們走向的改變。我們知道有很多事情正在失控，從疫情到環境變遷、政治、金融市場，一直到職業保障的轉變。儘管我們想回到過去的穩定中，但過去已經過去了。我們只能向前。但如果沒有了信仰、智慧與勇氣，就很難承受得住我們的恐懼。

恩典

主啊，由於最近這世上充滿了許多變化、障礙和錯覺，請賜給我清晰、智慧與勇氣的恩典。願我被引導穿越混亂，而不是深陷其中。改變會帶來終結，也會帶來開始；會帶來死亡，也會帶來新生。我不想要因為必會消散的一切而感到憤恨、恐懼，或者執著。

> 主啊，請賜給我智慧，來放下我必須放下的；賜給我勇氣，讓我能夠懷抱著每天都會被指引的信心，來進入未知。

65 信仰與告別

禱詞

在過去一年裡，我經歷了許多親人和朋友的死亡，主啊，而我知道，還有更多即將要發生。每天晚上，我都能看見他們的臉。有時候，當我回想起我的童年和青春歲月——以及所有逝去的家人時，一股懷舊的情緒就會湧上心頭。如果我不相信死後有靈的話，主啊，死亡將會是難以承受的，完全難以承受。然而，正因如此，我不相信死後有靈。

我相信死後有靈，是因為在這個塵世的旅程中，沒有其他東西能夠合理化我們的靈性生活。還有什麼其他的理由祢會為我們操心？如果這就是一切，為什麼神聖的世界會這麼靠近、這麼親密，這麼真切地存在？

我不知道聖光的境界是什麼樣子的。我所仰慕的偉大神祕主義者聖女大德蘭寫道，她的大腦無法描述它，因此她甚至連試都沒有試過。在她從神祕的旅程中復活後，她無法呼吸，也說不出話來。有一種超越我們頭腦侷限的奇蹟，正在等待著我們和所有前人的到來。我對這個真理感到無比欣慰。我相信這不是因為我需要精神上的幻夢，儘管不只一個人暗示過我這一點。我相信，這是因為上天讓我認識了它自己。

如果這一生只是，嗯，就只是這一生而已，那這所有的干預為什麼會發生呢？不，這一生是段進入濃縮狀態的短暫靈性旅程。在這裡，我們可以取樣、觸摸、觀看和品嘗所有我們能創造的東西。這個舞台是暫時性的。它每秒都會轉變。沒有什麼是固定不變的。

我們生活在一個靈性的真人秀中。這很顯而易見。而同樣明顯的，是我們所做的每一個選擇，都被仔細觀察著。沒有任何遺漏。即使是我們最黑暗的選擇，祢也不需要介入，因為我們逃不過任何後果。這個真理讓人生變得輕鬆不少，即使是最令人心碎的告別時刻也不例外。因為這些都是暫時性的。

指引

在我進行神學研究時，學到了神無所不在，以及神存在於萬物之中。然而，現在我的理解遠不止於此。神是有機的聖光，將生命注入創造系統之中。我們無法想像神聖或者神聖領域的運作。但沒有什麼比認定壓根沒有什麼東西是神聖更愚蠢的事了。神聖是存在的。用任何你想要的方式來填空。上帝、女神──只要是適合你的都可以。但永遠不要抬頭向上看，想像自己沒有被細心親密地照看。你並不孤單。正如一個人告訴過我：「事實上，我並不確定有神，但反正禱告無傷大雅。我沒有什麼損失，所以我會繼續禱告。」

恩典

安慰是種溫暖、散發著光芒的恩典，讓你充滿內在的安全感。它是你從天外聽到的聲音，告訴你「你會度過這個難關的」或「這會成功的」。神聖的安慰透過太陽神經叢進入身體，因為腹部正是最需要它的區域。當安慰降臨，你胃部的壓力就會被安撫，而你通常會覺得很想睡上一覺。

主啊，請賜給我安慰的恩典。如果你能夠不只是在有壓力的時候送出恩典，而是在我生命中的每一天送出一點，作為一種預防的方式，會讓我十分感激。

66 將恩典傳遞給有需要的人

禱詞

主啊，最近我似乎無法在打開電視或上街時，不看見有人痛苦或悲傷。苦難對於這個世界來說，並不是種新的狀況。人們什麼時候沒有受過苦？但在我看來，世界現在正變成一個更加親密的社群。主啊，我們的科技終於趕上了神祕主義者在好幾個世紀以前就已經知道的事情。網際網路就是「內在網路」（連結我們所有靈魂的網路）更有力量的版本。發送禱告跟發送電子郵件並沒有什麼不同，是真的。按下內在的「傳送」（send）鍵，然後禱告的光就會傳遞給有需要的人。

我總是會想起那個告訴我在車禍中體驗到恩典送達的人。在她靈魂出竅的經驗中，看見一個人（一個陌生人）坐在附近的一輛車裡，看著車禍事故並送出禱告。我很喜歡她想著要看那個為她禱告的陌生人所坐汽車的車牌這個細節。後來，在她康復之後，就透過車牌號碼找到了這位女士，感謝她為自己禱告。

主啊，我認為是你要我遇見這位女士，如此一來，我就知道為他人禱告以及傳遞（sending）恩典不只是安慰個人情緒的沒用行為，而是對人類同胞愛的深刻回應。儘管其他人乍看之下似乎跟我們不同，但每個人確實都是我們靈魂的一部份。

指引

我懷疑當我們離世後，就會發現沒有所謂的陌生人或意外。我們只是不懂這個生命系統的組織結構而已。這超出了我們所能企及的範圍。我們才剛剛想起多年不見的熟人，幾秒鐘後就遇到了他，這怎麼可能呢？但這一直都發生在我們很多人身上。巧合與共時性的相遇告訴我們，生命的交織是非常緊密的。而且（這不是雙關語）感謝上帝這是事實。

我們對於與神聖親密關係的依賴，遠遠超過我們所意識到的。這就是真相。舉例來說，我們很喜歡在對的時間遇到對的人這件事。而當我們獲得一個非常棒的靈感，當我們恰巧遇到一個公司足夠成熟來實現這個點子，我們會感到歡欣鼓舞。我們可以把這件事當成運氣好，但運氣好是外行人用的詞。神聖的親密關係是交織在生命結構中運作的有機神性。我們需要用這些神聖的牽引，來實現更崇高的目的，把恩典傳送給有需要的人。

我們已經進入了一個即將發現「內在網路」力量的紀元——其中最大的力量，就是我們透過禱告和恩典，共同療癒的力量。我們應該努力成為恩典的第一線救護人員（first responder）。

恩典

同情的恩典經常會跟憐憫混淆。同情不是憐憫。同情的恩典拓展了心牆。突然之間，你能夠用不帶著嚴厲批判的角度來理解與回應他人的痛苦，即使他們的行為對你的生活產生了負面的影響。

當一名記者詢問達賴喇嘛，他對於屠殺數百名西藏僧人的中國士兵有什麼反應，他說：「我對他們感到同情。」記者不僅對這個回應感到震驚，也很失望。他希望聽到達賴喇嘛說出復仇和憤怒的話。他想要的是一個普通人的反應。但同情的恩典並不普通。它是種神祕的力量，這種力量無視於普通的選擇，會提升我們內在的潛力，來擊敗我們自身的黑暗評斷——這些是我們在面對世界上我們所鄙視的事情時，很容易會出現的。然而，我們很容易就忘記，風水輪流轉。有一天，我們可能會發現自己希望並祈禱著有人會用這種強大的恩典來對待我們。

主啊，請讓同情從我的靈魂流向他人，尤其是那些需要的人，即使在我沒有祈求這種恩典的時候。請時時在我心中保留一份同情心。幫助我更加留意我想要對他人做出負面批評的傾向。請一次又一次提醒我，我不會希望這樣的批評落在我身上。主啊，我更願意成為這個世界上的光明來源，尤其是現在這樣的時刻。

67 黑暗的真相

禱詞

什麼樣的神會創造出這樣殘酷的世界？主啊，我無法想像祢曾經多少次聽到人類問這個問題。在我教課的時候，常常聽見這個問題。多年來，我只是告訴人們：「這個地方不是神的爛攤子。是我們的。」但我不得不說，這並不是我所能想到最有啟發性的回答。我不想告訴他們，我還在醞釀自己的答案；我正處於深沉漫長的跋涉之中，來展開我自己的黑暗通道，以便讓我能夠了解祢。

為什麼我們會在有那麼多其他選擇能夠產生相反結果的情況下，還是做出讓折磨和痛苦恆久存在的選擇？有沒有可能我們就是更熟悉受苦的感覺？或者真相更加殘酷呢，主啊？我們是不是害怕做出充滿愛與慷慨的選擇，因為這些選擇會讓其他人獲得解放和自由？更深層的真相，會不會是我們真心害怕用愛和支持賦予其他人力量？我們是不是很害怕付出更多的愛，所以寧願承受自私的選擇所造成的後果？我們是不是盡可能不要付出愛——僅僅願意付出足夠我們生存的程度？

愛應該很容易，很自由。但事實並非如此，不是嗎？並非真的是這樣。如果愛是我們最渴望的一件事，為什麼會變成一種掙扎？事實是，愛也能賦予力量。愛是種能夠將生命、希望和奇蹟引導回人類內在的物質，就像氧氣能救活溺水者一樣。正是因為愛如此強大，人們才會這麼謹慎地守護著它。

愛是一回事，但愛到足以賦予另一個人力量？那就是真正無條件的愛。那就是當古龍水精煉成純香精——能夠持久的珍貴芬芳。有條件的愛會造成痛苦。這就是黑暗的真理。主啊，愛能夠削弱一個人的力量，也可以賦予他力量。愛可以毀滅一個人，也可以重燃他的求生意志。

我們根本不必受苦，對嗎？當我們愛別人要愛得多深，是由我們自己決定時，就不必受苦。但每個人都必須面對他是否能夠愛得夠深，來賦予他人力量，或讓他們自由，成為完整的存在。或者，我們的愛就是為了安撫自身的恐懼和不安全感？主啊，這個宇宙中沒有祕密。

指引

力量是人類經驗的基本成分。我們所做的、所說的、所想的、所穿的、所買的一切——我們生活中的每一件事，都是力量的計算結果。愛也不例外。愛或許是最偉大的力量，比生氣、憤怒或嫉妒都更持久，因為純粹的愛的力量不會讓你崩潰。愛會支持你度過最困難的時期。而像是生氣或憤怒這類的黑暗力量的確會讓你繼續前進，驅策你進行各種形式的行動。但這些行動無論如何都會對你的生活造成不好的影響。

我們緊抓住怒意不放，是因為我們相信，有人「剝奪」了我們的力量。我們告訴自己，我們有權利去拿回屬於我們的力量；那就是復仇在我們腦袋裡聽起來的樣子。「逆來順受」是我們很少遵循的建議；這看起來，嗯，有點「不食人間煙火」。當我們逆來順受時，不會立刻有驕傲的滿足感。我們冒著被羞辱的風險，就好像我們輸掉了比賽——或者更糟，好像我們失去了勇氣。

但事實是，逆來順受正是粉碎黑暗，療癒你心中深刻流血傷口的方法。選擇看透驅策他人（或者人們）的痛苦，而不是反過來憎恨他們，會打開你的心扉，把你從自己的憤怒中解放出來。當你不以憤怒還擊時，就把自己從憎恨與復仇的無盡循環中解救出來。同時你也讓對方獲得釋懷的自由，放下他們的痛苦，能夠原諒，在此時此地繼續活著並愛著。

執著於傷口和受傷的感覺是一種選擇。你做出的個人選擇，會讓你留在受苦的狀態裡。不論我們生命中的傷口有多深——有些傷口非常深，也非常慘痛——到頭來，我們只有一個選擇。要麼保持痛苦，要麼變得更好。

恩典

療癒需要勇氣的恩典，因為通常需要我們去深度挖掘自己黑暗的想法、幻想和慾望。傷口在我們內心裡潰爛，而且因為有毒，會讓我們充斥著有毒的想法。我們經常會接受這些想法，因為怪罪某人——因為他傷害我們而羞辱他或者懲罰他，會讓我們感到充滿力量。但這種行為永遠不會有效——永遠不會。如果我們提起這件事，那些人就會回答：「你在說什麼？我從來沒有這樣對你。」

你的痛苦就是你的，不是任何人的。而且對那些傷害你的人來說，你的痛苦當然不是真實的，就像你無法感覺到你自己給別人帶來的痛苦一樣。毫無疑問地，如果那些人直面你，你也會否認你傷他們有多深；想像一下那樣的情境。

每個人的療癒都是個人的旅程，僅此而已。最終，我們需要勇氣的恩典，來面對這個真理。

主啊，請賜給我勇氣，來面對自己的黑暗、自己內心的陰影、自己對愛的障礙。我可能會認為自己有愛，但事實是我的愛只是順勢而已。我害怕愛的力量。需要勇氣才能愛的沒有條件。請幫助我打開心扉，跨越我自己安全網的邊界。我不知道陌生人或者甚至敵人能不能找到通往我心裡的道路。但無條件的愛正是如此：不帶有任何條件的去愛。

68 我該如何教人們與祢溝通？

禱詞

主啊，我今天讀了一首祈禱詩，它令我著迷。這首詩是關於一隻松鼠跟一片草地互相說「嘿」的故事。詩人指出，最近他也常常說「嘿」，因為正式的禮節不太管用。我該怎麼告訴人們要怎麼接近祢？隨興的神聖對話對我很管用——就是這位詩人的方法。我不確定我們向祢禱告的方式對大部分人而言，是否有很大的意義。人們常常問我：「上帝怎麼回答你？」他們想知道，祢是否會出現在我面前，或者我是否會聽到祢的聲音，或者我是否會靈魂出竅。我該怎麼解釋神聖指引的微妙本質？

我信任所有我看不見的一切。這種充滿恩典的氛圍對我而言，是活生生的存在。聖女大德蘭寫道，我們必須在生活中的小細節裡尋找祢。有一天，這句話對我來說涵蓋了世界上的所有意義。就像這樣。有一天，這個世界變得充滿了小細節，每個細節都是神聖介入的載體。拋開我的想像後，我意識到這個宇宙滿滿都是祢，完完全全就是祢。祢不是跟我們分開的——一個「高高在上」的存在，藏在厚厚的雲層後面。祢表現在被創造出來的一切上，包括了每個人。

在那一刻，每個人看起來都是奇妙的，都是在塵世中旅行的靈魂。有些看起來很迷惘，有些則看起來很高興來到這裡。在那一刻，無形的場域突然熙熙攘攘，天使們追蹤著他們所負責的人類，並且小心翼翼地守護著他們。天堂不是個正式拘謹的地方，而是親密、充滿愛，以及永遠存在的地方。

主啊，如果那些感到迷失或孤單的人能夠真正體會到這一點，那該有多好。他們會有多麼不同的感受。他們生命中的一切都會瞬間改變。他們所做出的選擇，將會是大膽、勇敢、與眾不同且具有創意的。他們在每天早上醒來時，都會禱告說：「嘿，主啊，我們今天該做些什麼？告訴我吧！」

指引

我是在拉丁文禱告與葛利果聖歌（Gregorian Chant）[23]的環境中長大的。假如當時我像現在一樣用隨興的方式禱告，就會被教導我宗教信仰的修女和神父訓話一兩次（或者三十次）。但他們的確教會了我一種深刻的敬畏感——不僅保留在我心裡，也滋養了我。我透過自身的經驗，學習到神聖世界是個親密的領域，並且就在我們身邊。它不在天上，而是無處不在。

佛陀說，當我們離世時，我們會帶著自己的所作所為，我們該負責部分的所有總和。我們對萬物所做的一切必須自己負起責任。思考一下這件事。人生就是一場責任之旅。為什麼這個真理會隨著你的肉體死亡而結束？它並沒有。

23 譯註：葛利果聖歌（拉丁原文Cantus Gregorianus）是由羅馬天主教會所保存的宗教歌曲集，因教皇葛利格里一世（Pope Gregory I）下令編寫而得名，是教會儀式與宗教場合廣泛使用的歌曲。

我們生來就具備能夠聽見我們無形支持團隊、我們神聖嚮導聲音的設計。而禱告（不是邏輯，也不是理性）是通往這種設置的途徑。人們想要理由和證據，是因為他們不想要放棄他們與黑暗的關係。他們害怕光明。每個人都應該檢視一下，自己有多害怕直接與光明相遇。想想這會對你的人生發生多大的改變——因為這真的會。而這個事實告訴你，光明到底有多強大，以及多靠近。

恩典

奇蹟是很少人會想到的恩典。或許，大多數人甚至不認為奇蹟是種恩典，但每種特質都可以被提升成一種恩典的力量。奇蹟的恩典會將一個普通的想法提升到神聖的氛圍之中。你不但沒有說出「我永遠做不到」，反而心中充滿了驚奇感。你發現自己說：「為什麼我做不到？事實上，我會去做的！」奇蹟的恩典會消除障礙。你所能說的，只有好。

主啊，僅僅是想著這個世界是個親密且神聖的人生劇院，就讓我充滿了驚奇。但這樣的想法來來去去。我抓不住它。請賜給我奇蹟的恩典，感受奇蹟的力量深植於我的骨血之中的體驗。我知道那樣的經驗會改變我的人生。對我而言，世界將會變成一個親密且神聖的地方——而且在那之後，就沒有回頭路了。然而，當我醒來且禱告：「嘿，主啊，今天祢要我用我的人生做些什麼？」這還是讓我充滿了驚奇。

69 緊急求救

禱詞

主啊，今晚我因為恐懼與害怕而顫抖。我無法休息。我無法入睡。我無法忘記今晚在新聞上看到的東西，無法忍受知道有這些人在我們的邊境受苦，只因為他們想要更好的生活。我自己的祖父母就是在他們十幾歲的時候來到這裡，因為他們想要更好的生活——而且他們是獨自來到這裡的。而我也無法理解移民所遭遇的仇視。這種仇視比任何事情都更能告訴我，美國神話正在發生什麼事。如果美國人仍然相信美國，如果他們仍然相信這是一個富足、夢想與希望的國度，那麼這種仇視就不會在這裡滋長。

我們不能被製造謊言就像製造非法藥物一樣的人領導。因為那就是謊言的樣子：精神上的海洛因，會毒害一個國家的意識。那些相信謊言的人，會被黑暗所利用，變成仇恨的渠道。主啊，我記得在小時候讀到納粹追捕猶太人的故事時，就很想知道為什麼祢不介入呢？為什麼你沒有派死亡天使在晚上抓捕他們的靈魂，重複逾越節的情節？[24] 之前這樣是有用的啊。我知道那樣的事

24 譯註：逾越節（Passover）是猶太教三大節日之一，紀念的事蹟就是當神在夜間擊殺埃及所有長子與牲畜的頭胎時，越過了所有以色列人的長子，並讓摩西帶領以色列人離開被埃及奴役的生活。

不會發生——但拜託，請祢用某種方式介入一下好不好。像是派遣天使和援助，在空氣的波動中傾注憐憫和同情，來打開人們的心扉等等。

有那麼多人被恐懼所控制，害怕他們所擁有的將會變得不夠，害怕移民會奪走他們的工作和家園。有些人面對不了這些事實：這個世界正在改變，祢對於這個星球的未來有其他計畫，包括了我們要怎麼（還有是否）生活在這裡。主啊，為什麼我們還是不能好好相處呢？我甚至不認為祢送來一個像是瓜達露佩聖母（Virgin of Guadalupe）[25]一樣的神聖顯靈，能夠改變現今發生的任何事情。

我擔心我們正在引導我們自己去遇見自己最糟糕的一面。到頭來我們很可能會自我毀滅。這就是為什麼今晚我會因為恐懼而顫抖。我知道上天正在努力喚醒人們。苦難一直是最大的動力。然而現在卻變成脫韁的瘋狂與邪惡。什麼時候一切都會變得太遲呢？

指引

每個人現在都感受到了混亂。如果你在精神領域感受不到，也能夠從電視上和居住的城鎮中看得到。你得活在否定之中，才能夠對於我們整個全球性社會的失控速度有多快這個真相視而不見。而混亂的根源非常明顯：我們不想要分享、改變或接受我們的人類同胞，成為一個全球

25 譯註：瓜達露佩聖母據傳是1531年在墨西哥的聖母顯靈，是聖母首次以墨西哥當地婦女的形象顯現。（參考資料：Carl Anderson and Eduardo Chavez, Our Lady of Guadalupe : Mother of the civilization of love, New York : Doubleday, 2009）

社群。每一次危機的根源，都是對於其他人的恐懼——他們的膚色、他們的信仰，以及他們的飢餓。

我們忘了自己的生命是多麼短暫。我們沒有人能夠帶走屬於我們的物品和金錢。物質不會為我們多買到一秒的生命。這段旅程中，重要的是我們有沒有按照我們靈魂的真理而活，還有我們怎樣對待我們的人類同胞。

恩典

主啊，請賜給我勇氣的恩典。我不知道明天、甚至是今天晚一點的時候，我可能會面對什麼。但現在已經不再是一般時期。每天都可能會遇到需要有人為他們發聲的人。萬一那個發聲的人必須要是我，該怎麼辦？

> 主啊，請庇祐我，並讓我充滿勇氣。我太容易躲藏起來，假裝沒有我的幫忙，一切也會好起來的。但不會的。除非我們每個人都願意直面黑暗，否則一切都不會好的。

70 為其他人禱告

禱詞

主啊，我總是被要求為他人禱告，我也這麼做了。我手上的名單很長，而且一直在增加中。我知道為他人禱告有很強大的力量。恩典會降臨給他們，就像一束光從天堂照耀在他們身上。耶穌說過：「你們祈求，就給你們。」[26] 因此，我祈求將同情與憐憫的恩典傾注在這個世界的難民，也就是所有那些因為戰爭或暴徒被強迫離開家園的人身上。

我無法想像不得不逃離家園——這個我所愛且感到安全的地方，會感到多麼恐懼。這對我來說是難以想像的。然而，對那些被迫逃離家園的所有人來說，這可能也是想像不到的。誰會想得到，有一天他們會被囚禁在鐵絲網後或籠子裡；因為他們在家鄉的生命受到威脅，但卻發現他們跑向了另一個同樣危險的火坑？

主啊，請打開人們的心靈和思想，讓他們能了解這場危機的嚴重與恐怖。難民體現了我們最害怕的東西：無家可歸和生命脆弱。但我非常清楚，主啊，如果我們不幫助他們——如果我們不了解一個事實，那就是：發生在一個人身上的事情，也會發生在我們所有人身上，那麼世界很快

26 譯註：出自《馬太福音》7：7。

就會住滿心靈破碎的人類。

也許我們需要重新思考無家可歸的意義，也包含心靈上無所依歸的含義。因為我們每個人都需要一個可以獲得支持和幫助的心靈家園。我跟曾經無家可歸的人聊過，他們跟我分享了他們的故事。他們告訴我，他們非常感謝那些不怕接觸他們、提供安慰並答應要為他們禱告的少數人。在那一刻，他們感受到尊重與尊嚴流入心裡。當他們收到安慰的話語以及吃飯的餐費時，恩典就被引導到了他們身邊。但在靈魂深處我明白，主啊，是祢啟發了這樣的相遇，為我們這些心靈破碎的人類提供了這樣深度的療癒。一個禱告就有讓一個飢渴靈魂復活的力量。

指引

存在於個體的，也存在於整體。發生在我這弟兄中最小的一個身上，就等於發生在我身上。[27] 偉大的靈性導師一次又一次地教導我們，我們是一起處於今生之中。我們每個人都是同一個集體經驗的一小部分。什麼會讓我們最終按照這個真理來行動、思考、選擇與愛呢？

恩典

忍耐有很多種表達方式，而我們全都需要。忍耐是一種幫助我們分擔其他人負擔的恩典：它讓我們能夠代替他人來承受不屬於我們的負擔，並分享我們的長處和力量。我們選擇為他人騰出

27 譯註：出自《馬太福音》25：40。

空間，但其實是上天提供了這種充滿愛的選擇所需要的恩典。

主啊，請賜給我忍耐的恩典。我祈求這恩典不只是為了我自己，而是我或許可以透過自己的禱告，找到一種方法，來承載其他人的悲傷和恐懼。主啊，我把那些受苦的人放在我的禱告裡，還有我心裡。因神的恩典，我得倖免於難。

啊，今晚請賜給我內在靜默的喜悅。讓我在天界的國度中休息。

指引

世界上發生的所有改變，都會產生混亂的重力場。我們可能會被捲入其中，就像我們可能會被捲入洶湧的洪水裡那樣。一種心靈上的感受席捲而來，把我們拖進最黑暗的情緒裡。它立刻就控制了我們的情緒場，汙染了我們個人的想法和感受。頃刻間，我們跟希望和樂觀斷了聯繫。在這一刻（也許更久），黑暗面似乎正在主導這段人生旅程。在那樣的精神場域中待得夠久，就會讓你的能量開始減弱，就好像生命力從你的體內被抽出來一樣。

當你逐漸地，甚至是很快地因為缺乏光明而變得抑鬱時，光明就會被越來越多「緻密」（densification）的感受所取代。這不是種個人的憂鬱症。這種絕望的迷霧，就像是造訪了一次集體精神絕望的深淵，我們集體的精神自由基所造成的旋轉磁力漩渦中心。這個區域是真實存在的。是黑暗的。而且屬於我們所有人。

禱告能讓你脫離這個地方。你必須讓自己充滿光明，因為光明會像氦氣球一樣，能夠帶領你升高到超越這種吸取能量的振動控制範圍。我們都曾經處在這個區域。我們都曾為創造這個區域推波助瀾。而我們可以用禱告摧毀這個區域。

恩典

我把保護的恩典想成一件漂浮在我身邊的隱形斗篷。沒有人看得見它，但我知道它就在那裡。就像一道通電的圍欄，會在黑暗想法的能量到達我身邊之前，就將其燒毀。我確實可以聽見這些黑暗思想的聲音，但它們掌控我或影響我的能力被減弱了。

我也把這種恩典想成是我生存本能的燃料。某個人或某件事可能看起來很安全或很可靠，但我的直覺會告訴我並非如此。我已經學會相信這種直覺，勝過我所看到或聽到的任何東西。像這些保護的信號，都是純粹的恩典與指引。

主啊，請祢讓我一直處於保護的恩典之中，不論是現在還是永遠。祢可以看見我所看不到的東西。祢認識我正在走的這條路。因此，我必須依賴祢的觀點，遠超過我自己的觀點。主啊，請在我人生中的日日夜夜保護我。請在我人生旅程的漫長道路上守護我，不論是今天還是永遠。

73 唯有祢能如此快速地改變世界

禱詞

主啊，絕對是祢讓世界繞著軸心轉的。這個病毒讓世界陷入停擺。這在轉瞬間就發生了。我很肯定，大多數人在一個月前會說，這樣的事情是不可能發生的。但正如聖女大德蘭睿智地指出，對祢而言，沒有什麼是不可能的。大多數人會將這種徹底的破壞歸咎於病毒，而的確，病毒是活躍且顯而易見的因素。但病毒不是神祕的因素。一定有一個神祕的因素存在。

我確信，有些人會說，我們受到了懲罰；但他們不了解祢。或者在最好的情況下，他們仍然相信祢的舉止就跟人類一樣，用人類的法律來仲裁。我還不確定我們會進入這種集體經驗的更高層次理由。我所確知的是，幾十年來，我們一直在接受一個訊息，就是我們必須轉變成整體主義——存在於個體的，也存在於整體。

我們必須成為一個地球社群。或許，現在就是時候了，而這就是方法。我們必須療癒我們進入整體主義的道路，就像需要治療的個人找到他通往新意識的道路一樣。兩者沒有不同。差別只在於這包含我們所有人，而非我們之中的一個。

指引

幾十年來，我們一直在談創造我們自己的現實。我們還沒有真正理解到，「創造我們自己的現實」是個神祕的真理，而不是行為上的真理。共同創造並沒有允許我們為所欲為，而是要求我們意識到一個真理，那就是我們所做的每一個選擇，都會導致一種創造行為。如果我們能意識到自己靈魂的力量，並透過禱告團結起來，就能夠療癒這個世界。

恩典

相信自己是真正實現信仰神的第一步。如果你對自己沒有信心，無法對自己信守諾言，無法相信自己，又怎麼能夠對自己看不到、甚至想像不到的東西有信仰呢？從第一步開始——培養對自己信守諾言的信心。祈求讓你可以做到這點的恩典。這看起來是很小的任務，其實不然。當你成功地相信自己，即使是在最小的地方，你就會明白信仰的恩典。

主啊，請賜給我信仰的恩典，特別是因為它極富挑戰性。但沒有了信仰，即使是對於自己的信仰，就像是沒有地圖過活一樣。我不知道該做什麼，或者怎麼做選擇。我不能信任自己的直覺。信仰是一切，是我通往祢的生命線。

74 下載訊息

禱詞

主啊，我可以感覺到，有什麼東西（一個訊息）進入了我的能量場中。今晚，我感覺到一種即刻的轉變。我想要承認自己意識到我已經收到了下載的訊息，而我會等待、傾聽，等訊息慢慢孵化。我現在明白，祢在提醒我，我的生活將會有所改變。祢在告訴我，要做好準備。我還不確定祢是否給了我指示，還是只是要告訴我準備好放手。但我在聆聽和等待。

這種情況現在經常發生。我發現，在我有那種感覺的時候，就脫離了生活中的一切。一切都煙消雲散，而且我也感到無所謂。這讓我震驚。我愛我的家，但我可以在一秒鐘內就脫離它。我感覺到使者的到來，然後準備收拾行李，就像之前做過的那樣。在新英格蘭生活了十年之後，我在三天內就收拾好了行李。我已經離開家一個月了，一進門就聽見祢所派來使者的聲音。我立刻就開始安排離開新英格蘭——甚至都還沒來得及脫下外套。在我收到下載訊息的二十分鐘後，我搬家的轉輪開始動了起來。兩天後，我離開了這裡，回到芝加哥。

我從來不曾違逆祢所派遣出來的使者。對我而言，祢的聲音比一般的聲音更加響亮。我自己也搞不清楚為什麼。多麼奇怪啊。

指引

每個人都會收到指引。使者經常被送到我們身邊。我也不例外。或許唯一例外的，就是我總是聽從，並遵循指引。我承認我並不總是情願這樣做；我經常會想做一些指示以外的事情。我記得有一次感覺自己好像正在跟看不見的東西搏鬥。很久以後，當我想起那一刻（事實上我常常會這麼做），還是會對於那一天那種無形的力量無比真實的感覺感到肅然起敬。

當然，有人會猜想這樣的遭遇是種想像——而我的確具有奔放的想像力。但這不是想像。我無法證明（也沒有興趣試著證明）神聖世界跟我們的生命有多親密。想要跟祢多親近，想要生活有多徹底地屬靈，都取決於我們每個人自己的決定。你必須了解，神聖的世界就是離你這麼近。你是否被照看著，並不是你可以選擇的。你能做的，就是決定要按照這個真理而活，或著繼續否定它。這是你唯一真正有的選擇。

請記住：你並沒有設計這個宇宙。系統在你出生之前就已經存在，而且在你死後也會繼續存在。你誕生於一個永恆的運作之中，這個運作遠比我們這個小星球上的生命更偉大；因此，試圖改變永恆的規則，來符合我們現今這個「科學與理性」的思維，是毫無道理可言的。正如你環顧四周能夠看見的那樣——這對我們並不是很有用，不是嗎？

恩典

就在我們認為自己知道發生了什麼事，或者我們對某個主題瞭若指掌的時候，我們會發現自己錯得有多離譜。謙卑（humble）是一種恩典，提醒我們自己一無所知，或者一知半解，又或者我們並不像自己想的那樣正確。我們可以確信的一個真理是，我們知道的越多，就意味著我們知道的越少。而且我們永遠、永遠都不會明白創造的奧祕。沒有什麼事情比這個能讓我們在這個地球上更謙卑的行走了。

當我們認識到自己諸多的侷限性，就會開始看到我們持續肆虐的本性：我們內在還沒有療癒的部分。儘管如此，經過那麼多世紀，我們還是無法停止製造武器，彼此毀滅。我們要到達像我們自認為的那樣聰明，還還有好長一段路要走。我們最好退回到自己的神聖本質、我們的神祕意識之中，並且用赤腳踩在神聖的土地上，來接近天堂。

主啊，請讓我保持謙卑。我怎麼會知道滿天繁星背後或這個銀河系之外發生了什麼？我一無所知。我所知道的，就是夜空是隱藏著另一個世界的輕紗。我不知道。現在，我意識到自己的想法阻擋了祢的指引。主啊，請讓我永遠銘記謙卑的恩典。如果我不再告訴自己我對於世界正在發生什麼的想法，或許祢會下載給我一些線索。

75 恩典是最後強棒

禱詞

我聽見作家安・拉莫特（Anne Lamott）告訴聽眾：「你知道嗎，恩典是最後強棒。」然後我就尖叫了，主啊，就在那個時刻，就在那個地方，大聲地叫了出來。我差點從椅子上飛起來。這短短一句話的真理，幾乎讓我驚呆了。安是如此了解祢——不過她當然很了解。恩典總是在最後一刻到來。

我已經學到，祢會用任何方式作為恩典的管道，進入到我們的生命中——陌生人、朋友、可敬的對手、夜晚的私語，以及交通延誤等等。我們最沒預料到的門，通常都是祢最喜愛的入口。儘管祢可能因為遲到而惡名昭彰，但祢總是會到來——就像劇院的女主角需要屏氣凝神的觀眾一樣。誰知道恩典會用多少不引人注目的方式進入我們的生活？

但話又說回來，我們活在有祢氣息的神聖場域中。我們很少停下來思考這件事，而且我們一定不明白（實際上我們也無法理解）住在祢的存在、祢的宇宙中意味著什麼。這個真理，就是基督神祕肉身的意義：我們是靈魂的神祕場域，透過聖光結合在一起。但誰能夠了解這個奔放又奇妙的真理呢？這就是神祕國度的奇蹟，真的。只要跟祢和整個宇宙一點點的接觸，就能夠揭示它的樣貌：一個由神聖生物所經營的神聖遊戲場。

我想，之所以我們會在轉世之前喝下忘川水，忘記那樣的真理，其中是存在著智慧的。誰能夠在看清這樣的現實後，還有辦法按時去上班？不過，祢給我們留下了一種持續的渴望，引領我們追尋在這個地球上找不到的東西。我們渴望敬畏。我們渴望與非凡的、無法解釋的、神祕的與神聖的一切相遇。而也許那就是為什麼恩典是最後強棒的緣故。我們需要感受那種渴望，發現有形的一切都無法真正填補我們內心的空虛。我們必須記住，我們正在尋找一種我們無法解釋，恰好在我們需要的時候進入我們生活的奇妙事物。我們想要在心中留下懸念：這是怎麼發生的？不可能的事情實際上有可能會發生的嗎？

指引

我們真的很喜歡奇蹟、神聖介入和天使偽裝成人類造訪的故事。我寫了《隱形的力量》（*Invisible Acts of Power*）這本書，就是請人們分享接受他人自發性服務行為故事的結果。在一週內，我讀了將近一千四百則個人故事；而基於幾個理由，這些故事永遠改變了我的人生。其中最重要的，是因為在閱讀所有這些故事的過程中，我意識到，事實上我是在閱讀關於恩典如何在我們人生中顯化的經驗。儘管沒有人提過他們遇見了天使，但我知道，我正在閱讀神聖介入的故事。

有這麼多人都分享了遇見奇怪陌生人的故事，這些陌生人傳達給他們深刻且改變一生的訊息——然後就消失無蹤了。例如，有一個人說，他正準備回家自殺。當他站在一個街角，試著決定要割腕還是服藥時，他注意到有一輛車停在他面前的停止標示前。這個駕駛沒有開走，而是示意她正在等他過馬路。她帶著微笑，而他的形容是「那是我見過最溫暖的笑容」。就因為那個微笑，他決定再活一天……然後又再加一天。最終，他決定，就繼續活下去吧。

在像這樣的故事裡，上天的手筆是這麼地顯而易見，這麼有存在感。在你的人生中也是一樣的：一旦你學會認識到恩典的存在，就再也不會感到孤單了。

恩典

奇蹟是具有多重意義的恩典。你可能內心「充滿了奇妙的感覺」。你可能「好奇」某件事什麼時候會發生。然後，「奇蹟」就發生了——就在一瞬間。奇蹟是種能夠將你從此刻的時間中抽離的恩典，啟發你問出「現在，我到底在擔心些什麼」。

主啊，請讓我沉浸在奇蹟的恩典之中。只要想像一下這種恩典，就讓我對美好的事物充滿期待。或許這種感覺本身就屬於這種恩典，籠罩著我的能量場。主啊，請庇祐我，讓我永遠都在祢恩典的祝福之中。

76 天祐

禱詞

主啊，這些日子以來，我從來沒有聽到任何人使用天祐（providence）這個詞。這麼強大，又這麼神聖的詞，居然被淘汰了。天祐讓我想到了悉心看顧。當然，我們總是會好奇，在上天的眼裡，悉心看顧所代表的意義。我知道這就是我所過的人生，而如果我不小心，就會從大樓的邊緣墜落。我冒了一個險；我付出代價。

但我也明白，禱告（以及遵循祢的指引）會跟祢建立起一種合作夥伴關係。而天祐的恩典是必然的結果。我們自動就會在祢的悉心看顧之下。神祕之處在於這種看顧是怎麼出現的。但我也了解到，神聖的看顧與人類的看顧不是一回事。主啊，或許這就是為什麼人們常常想要祢正在關心的「證據」。他們想要上天的介入，來解決塵世的困境。

然而，祢就像老師一樣，默默觀察著學生日以繼夜的學習，看著他們試圖理解數學或哲學。一個學生有了一個疑問，然後就去尋找唯一一本具有她所需要知識的書籍。祢知道這本書在哪，但卻保持沉默。祢觀察她在找遍了圖書館所有書架，並檢閱所有可能的參考資料後，變得驚慌失措。祢仍然一言不發。最終，她筋疲力盡地癱軟在床上，困惑且驚慌地哭泣，然後她開始禱告：「我放棄了。如果祢想要我做這件事，最好幫幫我。」一分鐘後，有人敲她的門。一個朋友剛好發現一本有趣的書，自己已經不再需要，但認為她可能會喜歡。就這樣，那本沒人能找到（幾乎沒人聽說過）的書直接走進了她的宿舍裡。

在那之後，在一切事情上，我都會在第一時間、而非最後才祈求幫助，祈求神聖的天祐——因為在圖書館裡尋找那本書的女孩，就是我。

指引

我猜有人可能會想，那本書的出現是運氣好而已，但我不相信運氣。那本書為什麼沒有早點出現？因為那樣，我就不會覺得那麼感激了。我就不會用盡自己的資源，也不會在禱告中承認，沒有神聖的介入，我就會失敗。因為我用盡辦法，做了我認為自己應該做的事（完成我的學習），我真心相信神必須做什麼來幫忙我。坦白說，我從來沒有想過，我不會從神聖那裡得到某種答案。我完全沒想過，我不會得到指引，來解決當時對我來說似乎是全世界一樣重要的問題。

恩典

我認為，天祐是種老派的恩典，或許是因為我們很少再用到這個詞的緣故。但這是個值得你重新放回你詞彙中的詞，這樣你就可以祈求這種恩典源源不絕地流進你的生活中。天祐會確保你在神聖的悉心看顧之下。這是多麼令人深深感到平靜的訊息啊。

主啊，請讓我一直在祢的悉心看顧之下。請在所有的方面都賜給我天祐的恩典。我把這種恩典當作是我們的合約，是祢引導、我遵循的協議。這種恩典是我們的盟約，我們的合夥關係。主啊，請看顧我，並讓我和我所愛與關心的朋友和家人，都在祢的眷顧之中。

77 偶遇一名薩滿

禱詞

主啊，我聽到一個男人在唱歌，於是循著他令人讚嘆的歌聲來到了一個公園。我在離家很遠的地方。在進入這個小小的公園時，我想著：這個有著這樣聲音的男人是誰？這首扣人心弦的歌曲又是什麼？

這個年輕的男人跪在地上，雙臂舉向天空。主啊，他正在唱歌給祢聽。這個男人是一名薩滿（shaman），是祢在這個塵世間恩典的公使之一。我想了一下，覺得自己不應該打擾他與祢一起禱告的時間；我意識到，自己闖入了他的神聖儀式之中。但就在我產生這個想法時，他注意到了我。他對我報以微笑，告訴我可以留下來，跟他一起禱告。

他的聲音很動聽，他的禱告也很優美。他正在祈求揭示一個奧祕，一件只有祢能告訴他的事情。在他唱著祈禱歌曲的中間，敲了一下鼓。我感覺周圍的樹木和植物彷彿都加入了他對祢的禱告之中。我也加入了他。我被捲入他的恩典場域中，他的信仰漩渦裡。我陷入禱告之中，在他的聲音中感覺受到昇華。

主啊，他在自己周圍產生的恩典，對我來說感覺相當的罕見。我很好奇，這種不尋常的感覺是什麼？然後我意識到，祢正在對他說話——那是一股神聖的氣流瀰漫在空氣中。他呼求，而祢就來了。祢的恩典很振奮人心。而我能對祢說的，就只有「謝謝祢」。

我知道祢會回應所有的禱告。但我感覺自己好像正在見證，就在一個人向祢禱告的當下，祢的神聖回應流入他的靈魂。至上的神聖幸福。然後我看著他，主啊，他閉著眼睛，放鬆地俯伏於土地上。這個大自然靜默的擁抱維持了一秒鐘。然後他睜開眼睛，親吻了大地，站起身來。我不想移動，也不想呼吸，深怕打擾了這崇高的氣氛。但這位薩滿轉過身來，向我點了點頭。我微笑著，也對他點了點頭。然後我們都離開了。

當我們離開時，我注意到有一些人進了公園。我真的很想告訴他們：「這個地方剛剛有上天來訪。請脫掉你的鞋。這真的是塊聖地。」但是，有哪裡不是聖地？萬物都是祢的。有時候，我會因為驚奇而屏住呼吸。這就是我想要說的。

指引

儘管我們可能沒有意識到我們需要體驗敬畏，需要接觸到某種神聖的表達，但我們確實需要。我們有一種深度的靈性需求，需要透過與神聖信使的某種接觸（無論多麼短暫或多麼不經意），來脫離塵世的紛擾。我們需要感覺到（知道）在此生之外，還有什麼比我們更偉大的存在。我們不需要真的知道關於神聖的微小細節；遇見它的存在，沉浸在那超越所有光明的聖光中一微秒，就已足夠。

我們可以告訴自己，我們不需要宗教信仰，這沒問題；我說的不是宗教信仰。我說的是神聖本身，神聖不可能被塞得進宗教的窄房之中。神聖是生命本身的生命，光明本身的光明。我們會被那種宇宙的神聖物質所吸引，因為它就是我們最純粹的組成物質。一次與神聖之光的相遇，傳達了我們就是那種光粒子的神祕真理。我們不必去想像或談論它；我們只需要讓那些神聖的光粒子在我們內心裡活躍起來，就像火花一樣。

我們渴望體驗那種神祕狀態；在這種狀態下，我們的理性會被麻痺，釋放我們去體驗包含所有神聖、充滿恩典與永恆事物的國度。我們不想要被理性或懷疑所桎梏——不論是自我懷疑，還是懷疑我們的生命是否有價值。但最重要的是，在我們的靈性真理深處，我們渴望能夠像一名薩滿一樣，向天空舉起雙臂，全心全意地唱誦我們的禱告，從不懷疑神將會出現這件事。沒有什麼比充滿信仰的靈魂更強大的東西了。

恩典

當耶穌說芥菜種般的信心可以移動一座山時，[28]他所指的，正是無庸置疑、不講道理的信仰的恩典。我們已經變成了理性的生物，被對於證據、保證和立即解方的需要所驅使著。而對於神聖的信仰，違背了這種理性所仰賴的一切。然而，有一部分的我們忍不住想著、希望著、渴求著被一種不合道理、無法理解的奇蹟所震撼。在那些我們最需要神幫助的時候，我們渴望著全然奇蹟般的介入。

我們有時可能會懷疑神是否真的存在。有些人甚至可能宣稱，自己完全不相信神。但在我們

28 譯註：出自《馬太福音》17：20。

每個人的心中，都有一個更深層的靈性真理在脈動。（有些人比較大聲，而有些人則幾乎需要戴上呼吸器。）我們無法阻止自己盼望著某種臨在（一種超越我們理性頭腦所能理解的更偉大力量）來掌控我們的人生。

主啊，我希望自己的靈魂在禱告時為祢歌唱。只是唱著謝謝祢。謝謝祢。謝謝祢。

78 火燎之夜

禱詞

主啊，我常常想起聖女大德蘭的教導——事實上，不僅是「常常」而已。我每天都會想起她所寫的東西。在很多方面，她都在跟我說話。透過她的教導，我了解到靈性旅程的艱辛。她滔滔不絕地談到了當靈魂遇見祢時，所發生的矛盾、無法解釋的激烈拉扯。然後我們是怎樣一次又一次尋求體驗那種難以形容的感覺，同時又對它感到害怕。

在不久前，我的恐懼戰勝了我。我想著或許我可以暫時離開所有這些追尋，從我的內在修行生活中休個假。然後有一天晚上，我夢見自己站在亞維拉（Ávila）的城牆外，也就是聖女大德蘭在西班牙的故鄉。牆被熊熊烈火包圍著。聖女大德蘭站在城裡呼喚著我，招手要我穿過火牆。我做不到。我只感到害怕，害怕到我從夢中驚醒，嚇出了一身冷汗。我在房間裡尋找她的蹤跡，半抱著會見到她的期待。

我為什麼要告訴祢這些？我猜你大概已經都知道了。所以，祢知道隔天晚上我不想要入睡。我覺得上天彷彿就在我的房間裡呼吸，等著帶我回到那個栩栩如生的夢裡。於是，就真的發生了。我又再次站在亞維拉燃燒的牆前面，聽見大德蘭命令我穿過火牆。即使是在夢中，我仍然屏住呼吸向前奔跑，預期我會在火焰中灰飛煙滅。但是當我跑過火焰時，唯一感受到的，卻是幸福。

我奔向了純粹的光，純粹的祢。我感覺體內的每一個分子好像都暫時分離，飛向了宇宙。這些分子跨越了時間與空間、永恆與死亡，然後又重新結合在一起。我又重新變回我自己，但現在，那種靠近祢的恐懼已經消失。關於生命與活著的一切——愛著這麼多人、有這麼多愛的能力，以及與這麼多美好的人們一起活著的恩賜，就像布滿鑽石的礦場一樣閃閃發光。生命的美好和奇妙展現得如此純粹，俯拾即是。

我以前從不認為美好、善良和奇蹟是這麼豐富且容易取得的恩典。我體驗了那樣的真理，現在它深植於我的靈魂之中。這些恩典就像泡泡一樣，漂浮在我們周圍的空氣裡，隨時會闖進我們的生活中。我們只需要開口詢問，就會有很多很多神聖的恩賜瀰漫在空氣中。我們活在恩典的場域裡，從一個恩典的泡泡彈跳到下一個。假如人們知道這件事，就會無所畏懼地活著，因為他們將不再（也不能再）懷疑祢。

指引

我崇敬佛教的教義有很多原因。我一次又一次體會到，用眼睛看到和耳朵聽到的生活是巨大的幻象這個真理。實體世界確實是個舞台，充滿了精心挑選的道具和配角，每一樣都具有特定的目的——教導我們需要認識自己的部分，以及我們的信仰所具有的創造力。

然而，我們對於神的微妙恐懼感，影響了我們看待世界的方式，以及我們對於內在生活的選擇。害怕與神來一場神祕相遇的恐懼，對我們來說可能並不明顯。事實上，根據我的經驗，很多人甚至不會談到這種恐懼，因為它隱藏得如此之深。但這種恐懼的另一種形式，就是我們對於真理的恐懼：談論真理、聽見真理、面對真理的恐懼。

真理是神聖的本質。真理就是力量。我們以否認作掩護，因為我們不想要我們所珍視的幻象被戳破。與真理的一次相遇，會在瞬間摧毀整個舞台。正如佛陀教我們的，生命可以、而且確實會在轉瞬間改變。真理的力量一介入，這種改變就會發生。然而，那種力量、那種火焰，會以無以倫比的方式解放一個人。就在舞台付之一炬時，你肩上的重擔也被卸下。靈性旅程只關乎真理，再無其他。

恩典

在我們探索內在生活時，會需要勇氣的恩典。面對我們的恐懼，感覺就像是穿過一道火牆。我們害怕被活活燒死。然而，讓我們如此害怕的究竟是什麼？毫無疑問地，擺脫恐懼就是新生活的開始。

主啊，請賜給我勇氣的恩典。我有時候會害怕失去我所擁有的一切。我害怕失去家人，而我也害怕被自己的恐懼所吞噬。然而，我最渴望擺脫所有這些恐懼。我夢想著安寧與平靜，也夢想在世界上找到一個沒有恐懼的地方。在我安靜的時刻，我知道唯一真正平靜的地方，就在我心裡。因此，我一次又一次回到那個地方。而我總是會發現祢在那片靜定中等待。祢就是恆常。

79 療癒禱詞

禱詞

主啊，今天我會把很多祈求治療的人放在心上。我不知道祢會怎麼分配療癒的恩典，也不知道治療的機制會怎樣對那些祈求的人起作用。我們都需要很多的治療。我知道祢大量地傾注了療癒的恩典。我也知道在這人世間痛苦和折磨是沒有盡頭的。很多次我都在猜想，假如我們一起禱告（我說的是我們所有人），世界是否會經歷一次大規模的治療。

對於那些因為需要棲身之處而受苦的人，請賜給他們一條通往安全居所的路。對於那些因病受苦的人，請賜給他們療癒的恩典。對於那些身處在巨大動盪中的人，請賜給他們聆聽祢指引的能力。而對於那些正在面對喪親之痛的人，請在哀傷中賜給他們慰藉。

主啊，請以恩典包圍這個星球。將恩典傾注在我們因痛苦與折磨而傷痕累累的環境裡。這個美麗的地球，這個為我們所有人提供資源，令人驚嘆又充滿生機的創造物，已經承受了太多。主啊，這不用我多說什麼了。但我還是不得不說，不得不承認我們需要恩典。主啊，請繼續照看這個地球——我們此生的依託，以及我們每個以地球為家的人。

指引

我從來沒有遇到過一個不需要療癒恩典的人。我們是奇怪的物種，因為我們最強大的部分是無形的：我們的靈魂。神祕的真理是，我們都是同一個靈魂、同一個內在網路的一部分。正如耶穌教導我們的，我們對一個人所做的事，也會反應在所有人身上。當我們為一個人禱告時，就參與了對於全人類的療癒。為了改變世界，我們必須一起踏上旅程。這個星球上，沒有人是孤身一人的。

恩典

神聖治療是耶穌引導自如的恩典。他知道自己是這種恩典的渠道，因此不費吹灰之力就能把人們治好。我們害怕這種恩典，但同時也迫切地需要它。瞬間療癒或治好絕症帶領我們直接接觸到神祕領域——一個無法解釋的神聖真理，那就是我們屬於神聖。還有什麼比這個更令人害怕（也令人安慰）的事呢？

主啊，願療癒的恩典源源不絕地傾注在所有生物上。願那神聖的恩典減輕人類與地球的苦難，帶領我們活得更接近一個充滿愛的社群，不用害怕分享，也不用彼此防備。

80 關於憐憫

禱詞

主啊，我很少聽到人們談到憐憫（mercy）。但出於某種原因，前幾天在彌撒時，我停下來思考，祈求「主啊，請憐憫我」是什麼意思。就在思考憐憫的恩典時，我意識到這是一種微妙而細膩的恩典。在我們的日常生活中，是怎樣體驗到憐憫呢？當我仔細思考這個恩典時，我發現我們必須先施予憐憫，才會接受得到憐憫。我們沒辦法獲得自己沒有慷慨且直率地給予其他人的東西。

當我離開教堂時，心裡抱持著這樣的想法。我想知道，在我生活中有什麼情況會需要憐憫。祢知道有多少次我祈求耐心、堅毅和同情的恩典——我的願望清單是無窮無盡的。但我沒有向祢祈求過憐憫。是因為我認為自己不需要憐憫嗎？這種想法是不是來自於我自己的盲目，看不到自己的行為對他人造成的後果？我不願意這麼想——但或許在今天跟你一起檢視這個問題的過程中，會發現一些真相。我不得不說，有時候自我審視會變得枯燥無味；然而，我發現自己不得不更深入地檢視憐憫。我想知道，當祢把憐憫傾注在我們的生命中，我們的內心裡和周遭會發生些什麼。

我讀過一個故事，這個故事在我心中依舊鮮活；只是個很簡單的故事，真的。一個男人寫下了這個故事。他被送到西伯利亞的勞改營[29]，在那段長途火車上餓得快死了。一名守衛意外掉了一塊麵包。於是這個囚犯花了一天的時間，整整一天，等待著適當的時機去撿這塊麵包。終於，他認為時機到了，彎下腰去撿那一塊已經變色、腐爛又骯髒的麵包。守衛看到了他。他說他的第一反應，就是祈求祢憐憫這個守衛，能讓他心軟一秒鐘。他說，那個守衛看著他，看著那塊麵包，然後說：「去吧。去拿麵包吧。」守衛憐憫了他。儘管這連一頓飯都稱不上，但他說不知為何他已經不餓了。他覺得很飽。這種飽足感不僅僅是因為麵包，也是因為人性的禮物，憐憫的恩賜。我想那就是憐憫的感受。或許我們都是憐憫在此生的驅動力。當我們對他人這樣做，祢也會回報在我們身上。

指引

儘管人們在工作坊用各種方式描述他們自己——充滿愛心、堅強、固執，有同情心、精力充沛等等，但在我執教的這些年裡，沒有一個人說過，自己是個「有憐憫心」的人。我自己也不會這麼說。憐憫的恩典或許就是那麼曖昧不明。或者，這個詞本身對我們就有一種「舊時代」的感覺。但我鼓勵你去思考它所具有的力量。在你的人生中，你是否曾經需要過憐憫，例如法庭上仁慈的判決，或者從你傷害過的人獲得仁慈的寬恕？

我們太常互相批判，尤其是那些行為被我們認定為極端的人。但對於會造成一個人有這樣行

29 譯註：原文為Gulag，即俄語裡「矯正勞改營管理總局」的縮寫。

為的種種經歷，我們又了解多少？我們的批判會產生後果；我知道的就這麼多。願我記住這個真理，並培養一顆憐憫的心。

恩典

憐憫是我們大量需要的恩典。不要把憐憫當成是給與某人更仁慈評斷的決定，儘管這的確是憐憫的一種表達。這種恩典以你無法想像的方式交織在你的生活中。想想神聖不讓那些你認為正確的事情為了你而發生、或發生在你身上的仁慈舉措。一位非常睿智的靈性導師告訴我，仁慈的神會阻止我們愚蠢的決定實現在我們的生活中——免得我們對自己和他人造成的傷害，比我們魯莽的天真能想像的還要更大。我要強調魯莽的天真。憐憫是非比尋常的（還有，被嚴重低估的）一種恩典。這是一種我會建議你重新放進心裡的恩典。

主啊，我現在越來越留心憐憫了。這種恩典與我同在，尤其是在我最私密的想法之中。我不知道人們為什麼會做出他們所做的事，或者會有這樣的行為。從想要知道原因之中解脫就是一種憐憫。主啊，請賜給我憐憫的恩典，讓它活在我心中。願我給予他人的憐憫會在需要時回饋到我身上。

81 消失中的大自然

禱詞

主啊，我內心的苦惱就像從炙熱火山冒出的岩漿一樣，不斷地湧出。如果我有什麼時候會需要祢來安撫我的神經，來下載一些鼓勵，來把我帶離塵世，進入超越生命這一刻的神聖氛圍之中，那就是現在。就是此時此刻。

我聽到了很多關於地球被濫墾濫伐的故事，努力在人們做出愚蠢、可怕、悲慘決定的惡土上找到出路。然後，在像今天這樣的日子裡，巴西雨林遭到屠戮的新聞讓我無助地想尖叫。實際上，我在對祢尖叫。我想要喚出在祢心中的破壞者。我想要祢派遣祢的殺手天使軍團下凡，就像祢在幾千年前把以色列人從埃及的奴役中解放出來一樣。為什麼不行？難道這不會喚醒（並搖醒）一些人嗎？為什麼祢讓祢的武裝守衛退役？

我一直想著那些偉大的聖經故事。我想知道，他們真的發生過嗎？還是沒有？我反覆推敲過《舊約》故事的不同想法。有些日子裡，我認為這些故事是很出色的神話，所以誰在乎是真是假？有些日子裡，我則會猜想，嗯，要是這些故事是真的會怎樣？如果是真的，為什麼在幾千年前祢會這麼入世？

主啊，我認為祢很入世。我不認為摩西分開紅海，或者死亡天使在一個決定命運的夜晚飛過埃及，是那些古代的以色列人想像出來的。我想過去和現在的不同，那些古代人與我們的不同，就是他們相信祢的方式——以及他們所相信的那個紀元。那是地球上的靜默時刻。那真的是一段珍貴的時光，在那段時間裡，人類短暫地存在於天與地之間。懷疑、理性、科學頭腦、邏輯——所有這些阻斷神祕無形世界的障礙，都還沒有建構起來。他們對祢的依賴，就像是對空氣、水和食物的依賴一樣。

時至今日，我們不知道自己仍然依賴著祢。我們已經深受自己心智的影響，認為我們可以隨意屠殺，我們的行為不會帶來任何後果。主啊，祢給了我們選擇。因此，祢將會讓我們自食其果。這就是我所感到的恐慌。我們可以很輕易就做出不同的選擇，但貪婪總是有辦法讓一個人認為他可以超越死亡本身。或許祢又派出了死亡天使，只不過這一次，這些天使看起來跟我們很相像。

指引

我常常聽到人們說：「為什麼神不做些什麼？」我自己也會這樣想，次數多到我自己都數不清了。但生命的規則規定了，我們是創造的驅動力。我們影響了我們個人生活中的事件，也參與了塑造我們世界的更大事件的創造。沒有一個外星來的神會在最後一刻掃蕩這裡，把我們從自己愚蠢的選擇中拯救出來。我們將承受我們選擇的後果，儘管這些後果可能是殘酷又可怕的。

這就是選擇的力量所帶來恩賜的現實。這就是否認和被動的後果；這就是只因為難以想像的事情還沒有發生，就認為它不會發生的後果。但這就是一個充滿了難以想像、前所未有的行動和選擇的時代。這也意味著我們可以做出不同於以往的選擇。我們從未將靈魂視為強大的改革者。我們從未團結在一起禱告，來打破集體負面思維的屏障。禱告不是種宗教活動。禱告是一種靈魂的力量，一種宇宙的力量。禱告是天界親密的神聖語言，能將我們所有人團結在一起。

恩典

主啊，請賜給我勇氣的恩典，這樣我就可以在需要的時候奮起反抗。這樣，在艱困的時刻，我就不會用否認來掩飾。我現在活著，活在一個非常混亂與變動的時代。我生來不是要成為觀察者，而是要參與這場轉變的旅程。當我告訴自己一切都會沒事的時候，並不能指望其他人把我生命的重擔背負在他們的肩上。除非我們同心協力一起創造一個健康的未來，否則一切都不會好的。祢不會復原我們愚蠢的選擇，但會增強我們勇敢的選擇。

主啊，請激發人類心中的勇氣，現在比以前任何時候都需要它。讓一些人感到漂泊無依是一回事，但我們是一個被捲進未知的全球社群。只有祢能夠這麼快就翻轉世界。祢永遠不會把這種力量交到人類手上。祢透過大自然、透過某種有機的東西在說話。在這場危機中，主啊，祢是如此入世。

82 更多關於天祐恩典的想法

禱詞

生命中有多少是「註定的」（meant to be）——而有多少是我們能掌控的？我們的生命中，有多少是祢已經決定，而有多少是取決於我們自己？主啊，我經常在想這件事。我也深思過，自己是否真的想要知道答案。

處在天祐的恩典下，就是各方面都在祢的保護之下。我從小受到主顧修女會（Sisters of Providence）的教育長大。這些修女都致力於天祐的恩典。她們仰賴這種恩典，並用她們奇蹟般介入的經驗來啟發我們：食物會在她們恰好需要的時候送來，還有其他形式的幫助也是一樣。其中的訊息很明確：祢的介入會發生在需要的那一秒。一刻也不會提早——因為那時還不需要。如果有必要的話，如果這是唯一的辦法，祢會讓自然法則轉彎，幫一個人的宇宙重整秩序。不過，如果存在人類就能解決的方法，奇蹟就不會發生。

奇蹟只有在必要的時候才會到來。然而，天祐保證祢永遠會引導一個人找到人類可以解決的方法。這種恩典密切交織在大自然的運作中。我已經學到，這就是讓它如此獨特又如此神祕的原因。不過，這個恩典神祕的一部分，也包括了如果我們走錯了路，感覺就好像祢把我們遺棄在暗夜的森林裡。在那些時候，我猜想著，那種黑暗是否也是種考驗——或者那就是待在人生等待室裡的感覺。

或許，那只是我誤解成歧途的一個休息區。畢竟，我們是行動的生物。人們總是告訴我共時性的經驗；他們相信，這些經驗是祢給的徵兆：讓他們知道他們正走在對的路上的信號。感覺到祢以某種方式（以任何方式）在我們身邊，是我們向自己證明我們在祢天祐照護下的方式。我們想要感覺到，我們被天祐的恩典所包圍。這是種我們甚至無可名狀的恩典。我們尋求祢正在照看我們的證據。而祢的確有。

主啊，儘管我聽到了各種懷疑的聲音，還有人們在信仰上的掙扎，但只要一個神聖的巧合，懷疑就會消失殆盡。突然間，他們感覺到自己走在對的路上。他們更能夠放心做自己，因為他們已經獲得了信號，知道自己身處於祢的天祐恩典之下。現在，但願他們下次在暗夜森林感到迷失的時候，能夠記住那種恩典的感覺，那種恩典的力量就好了。

指引

最近，我經常思考著神的本質。在許多帶我進入靈魂靜謐深處的想法中，包括了以下這些：為什麼有些生命似乎受到很多指引，而有些卻沒有？為什麼有些生命被拯救，而卻有那麼多生命死於海嘯、大爆炸或難民營？難道我們不是所有人都在神聖的保護之下？最終，我意識到沒有合乎邏輯的答案。生命終究是一種神祕經驗，而不是一場法庭之旅。上天的運作跟人類的司法系統不同，不會追求一切都是正確和正義的。我無法想像天堂，就如同我無法描述宇宙的寬度或深度一樣。

然而，儘管有矛盾，但神聖仍然具有一致性。我們可以仰賴自然法則的秩序和運作。在我們的生命中，都會用很多方式死去很多次。而每一次，不論我們願不願意，我們每個人都會像浴火鳳凰一樣重生。不論我們跌倒多少次，我們的靈性都會重新閃耀著活力。這就是我們本性的承諾。這就是神聖慈愛本質的表達。我們被設計成能夠再站起來、能夠恢復、能夠再次嘗試、能夠再去愛、能夠接近生命，也能夠仰望上天祈求恩典。我們被設計成在神聖的天祐照看下，甚至周全到承諾我們永遠都會重獲新生，即使在最黑暗的寒冬之後也不例外。

恩典

天祐是種強大的恩典，降臨在你身上，以確保你會在需要的時間，到達需要的位置上。你的人生有一個計畫，而你的靈魂知道怎麼走。你的頭腦會收到你靈魂所啟發的衝動、想法和概念。根據人生的境況，每個人的地圖時不時都會需要重新規劃路線。那就是我們最需要仰賴禱告、信任與指引的時候。

主啊，請庇祐我，即使是在我忘記祢在我人生中的時候。請讓我處於祢天祐的照看下，不論是現在，還是永遠。

83 透過神聖的眼光看事情

禱詞

主啊，我做了一個決定，這個決定來自於深思我對於做事（任何事）的無盡追求。對我來說，什麼都不做一直代表了一無是處，就像睡得太晚一樣。自從成年以來，我一直禁止自己這樣做。但最近我開始檢視自己無法停下來這件事。我想知道，我拒絕放輕鬆，是不是因為我害怕自己沒用。那麼，衡量我們價值的標準是什麼？在花了很久很久的時間思考這件事之後，我做出了決定，那就是我不會因為認為自己一無是處，而背叛了我的生命這個恩賜——無論在生命中的哪個階段，無論我發現自己處在什麼樣的環境下，都是如此。

我可能不會一直承擔起責任，找到讓自己變得有用的方法，或者找到自己有用的環境。是否要全心全意和心甘情願地參與，完全取決於我自己。在那些我不是那麼情願、心裡也沒有充滿善意的日子裡，我祈求祢用祢的光來照耀我。我知道，當我感覺到祢的恩典就在我身後，就像風吹著我的船帆，生命將會更充實、更豐富。但我也承認，在那些我感覺迷航的日子裡，有時候我會忘記，無論我的船開往何方，我總是在祢的海洋裡。

所以，讓我請求祢在我擁有生命的每一天，找到能夠使用我的地方——用祢的方式，不是我的。我的職責不是去評斷祢怎麼使用我。我會假設，即使只是坐在公園長椅上的陌生人旁邊，或者排超長的隊，都是某種意義上的用處。我只需要透過我的靈魂之眼來看待它。

我已經有非常多的經驗，透過我的靈魂來看待我的生活，因此當我仍然跌跌撞撞，當我仍然落入了世俗的看法時，這讓我感到震驚。但我還是一次又一次落入窠臼。然而，我一次又一次地體驗到，透我我靈魂的眼睛，一切看起來馬上變得不同，就像是一張黑白照片在我的手上變成了彩色照片。人們看起來更和善、更溫柔，也更脆弱。我發現我不太會想要去批評任何人或任何事，我也更容易展露笑容。

事實是，當我透過神聖的眼睛看世界，內心就會充滿奇蹟。我把它視為祢的創造，一切都融合在一起。沒有任何人或任何事顯得格格不入，也不會沒有意義或目的。我不知道所有生活拼圖的歸屬也無所謂。我就是當中的一片拼圖，只要融入其中就好了。

指引

靈魂怎麼看待你的世界，跟你的眼睛怎麼看見你的世界的差別，就像是白天與黑夜一樣。你靈魂的任務，是嚴格地剝開幻象，指引你發覺你的內在感官——就是用你的身體感官無法察覺的方式，直覺感受到真理的那一部分。在我們的世界裡，我們把自己的價值觀和自我價值建立在我們認為的真實與真理上。

我們常說：「眼見為實」。這是很遺憾的，因為信仰就是相信你看不見的東西。而你的價值、你為改變世界所做的許多事，都只能由神聖來評估。累積的恩典行為，像是和善、耐心、慷慨與崇高的力量，都會帶來生命與希望。你可能永遠都不會看到你每天產生恩典的成千上萬的行為長期（甚至短期）所造成的影響。但生命卻因為那樣的恩典而改變。

透過你的靈魂來看待生活，你就會明白，沒有什麼是微小或沒有力量的選擇。如果你真的打開你的靈魂之眼，就會看見神聖每天都給了你至少一次的機會，可以讓別人的生活變得更好一點。而如果你是需要幫助的那個人，請透過你的靈魂觀看。你會發現，天堂就藏在你生活中的小細節裡。

恩典

我們有什麼時候不需要清晰的恩典？這種力量強大的恩典，創造了一種從內在散發出來的感覺。不論是突然或逐漸發生的，慢慢或瞬間出現的，你都會看清楚之前壓在你靈魂上的沉重事情。記住，恩典總是在呼籲你行動。從清晰中會出現選擇。恩典永遠不會讓你靜止不動太久。恩典是改變的媒介。不然你為什麼會需要它？

主啊，請賜給我清晰的恩典。請讓我用靈魂的方式來看待這個世界。清晰的視野自然而然就會進入靈魂。我們神聖的內在探查真相時不會有雜念，也不會脫節。我們的靈魂擁有看見我們人生道路的能力。它會讓我們的注意力從滿足自己的需求，轉向叩問我們要如何讓其他人的生活變得更好。主啊，我一次又一次被提醒此生多麼短暫，而生命不是關於囤積。生命是關於我們如何善待所有的生命。這才是最重要的。而沒有任何一種服務生命的行為是微不足道的。

84 信仰的永恆奧祕

禱詞

「神會怎麼幫忙？」「禱告完以後，我該做什麼？」「我應該尋找什麼樣的徵兆，才知道我的禱告被聽見了？」主啊，這些是我在最近的一次採訪中被問到的問題。我可以從這些問題（以及從撰稿者的眼睛裡）看出來，她是為了自己問的。她的問題跟她正在寫的文章沒有任何關係。因此我問她，她自己需要什麼樣的幫助？她說，她正在「信仰上努力」。她想知道，我究竟相信什麼，信仰什麼。

我看得出來，撰寫這篇文章給了她勇氣，提出這些她原本不會考慮說出口的問題。或許她害怕祢可能就這樣出現在她的人生中，巧妙地偽裝成改變的風潮或者突如其來的疫病。但我也明白，她急切地想了解要怎麼去信仰看不見、摸不著的東西。

我問她，她相不相信自己，有沒有信守對自己的承諾，還是曾經背叛過自己。她沒有回答，意味著答案是肯定的，她曾經背叛過自己。還有，她一點都不相信自己。我告訴她，如果她相信自己——這個她每週七天、一天二十四小時相處的存在——的經驗那麼少，就幾乎不可能相信神這個看不見的存在。我建議她開始長期駐留在對自己的信任之中。我告訴她，在她覺得自己快要做出自我背叛的舉動時，可以考慮祈求恩典。

儘管我知道她還沒有在有意識的情況下經歷過恩典，但在禱告的時候就會有了。這種信仰的渴望對她而言是非常痛苦的，以致於她沒有意識到，這種渴望本身，就是根植於深度的信仰之中的。如果她不相信有某種比看起來更偉大的東西在支配我們的生活，就不會那麼困擾了。她只是還沒有認識到信仰的奧祕，以及信仰貫穿我們生命網絡的有機脈絡。但她會的。

指引

我們需要信仰和信任，才能讓人生對我們產生意義。我聽過很多人說起，為什麼他們在人生中感到抑鬱、焦慮或不快樂。通常他們指的都是過去未解決的問題，或者目前所承受、看起來永無止盡的壓力。從來沒有人告訴我，他們的憂鬱是源自於信仰危機，他們是因為無法相信自己而深受折磨。

由於這種核心的困境，他們無法相信自己或其他人，更別提相信他們的人生是神聖有意為之的創造行為這個神祕的真理了。對自己缺乏信心，就像是丟失了打開你生命中珍貴寶箱的鑰匙。你可以買很多東西，去很多地方，但事實是，沒有任何一樣你買的東西，或者任何一個你去的地方，可以填補你不信任自己所造成的黑洞。

恩典

當談到我們的內在生活時，信仰與信任的恩典是密不可分的，就像同一枚硬幣的兩面。沒有了對自己的信心，就不可能相信自己。而如果你無法相信自己，就永遠、永遠無法相信其他人。

你總是預期他們會以某種方式讓你失望，因為你帶著那種來自於自己不斷失敗的自我厭惡。自尊是建立在努力不斷贏得對自己的信心和信任的內在勞動上，是每一次一個選擇或一個舉動所累積起來的。這種鍛鍊最終會成為一種奉獻。最終，你對自己建立的信任和信心會成為一種途徑，讓你找到比你更偉大事物，也就是對於神聖的信仰與信任。

主啊，我該怎麼祈求自己需要努力獲取的恩典呢？今天，我祈求的是信仰與信任。不知何故，我對於祢將會把這些恩典傾注到我靈魂中充滿某種不講道理的信心與信任，儘管我還是會盡力去獲取對於自己的信心和信任。

85 純粹的喜悅

禱詞

主啊，我把這一天大部分的時間花在獨處上，安靜地想東想西。然後，在這個靜謐的時刻，這個深刻禱告的時刻，我內心的喜悅噴湧而出。這不是一般的喜悅——這是喜悅的恩典。我感到喜悅，卻沒有特別的原因。不是因為發生了什麼事，也不是因為我剛收到好消息。喜悅的恩典感覺上就好像我突然被噴上了一種最精緻、最寧靜、最振奮精神的香水，這種香水具有讓我身體感到輕飄飄的力量。這種感覺真是太幸福了。

我不想要這種感覺消失。我想要把這種香水分送給每個人。然後，在這份恩典的禮物中，我突然想到，我從來都沒有指導過任何人去祈求喜悅的恩典。一次都沒有。我從來沒有想過要祈求喜悅，甚至沒有想過這樣的禱告。但在那樣的奇蹟中，而且我又處於這種恩典的現實之中，我意識到，我在想什麼？為什麼我們不祈求喜悅，尤其是當我們陷入絕望或遇到困難的時候？或許其他人也跟我一樣，從來沒有想過要祈求喜悅的恩典。但是，主啊，如果有任何一種恩典是必要的，那就是喜悅。

指引

我很少聽見人們形容自己是快樂或充滿喜悅的。我不太確定人們是否會去思考感到喜悅是什麼樣子，或者他們的人生需要喜悅，但他們應該要這樣做。你應該這樣做。

喜悅是種非比尋常的恩典：一種把你的靈性提升到超越我們日常中一般情緒界限的恩典。想一下我們最熟悉的情緒範圍。在大多數情況下，我們都活在極端的情緒裡：一端是憂鬱和憤怒，一端則是興奮與浪漫的愛。中間值是平靜，代表了當下沒有正在發生的危機。但活在喜悅中？這不在多數人的雷達範圍。

喜悅的存在不需要理由、不需要他人，也不需要浪漫。你可以在任何情況下培養喜悅，僅僅只是因為你選擇透過喜悅的恩典來體驗人生。可能很難想像一個人在經歷困難或悲劇時，要怎麼感到喜悅。喜悅不像是心情輕鬆愉快，或者笑鬧的「派對時間」。這是一種深度成熟的靈魂恩典，違背邏輯與理性——就像我們人生中的許多事件一樣。

恩典

喜悅的恩典融入了希望。它會提醒你，即使是最黑暗的通道，你也將會度過難關，還提醒了你生命會一直自我更新。你可能會認為你過不了這一關。一開始你可能甚至不想活了。但一段時間後，就會發生某件事，通常是件小事。這件事會把喜悅帶進你心裡，那怕只有一秒鐘。它昭示了喜悅的恩典又再度活躍於你的人生之中。

主啊，請讓喜悅的恩典湧入我的心與靈魂之中。請讓我安住於喜悅之中，只因為它本身的緣故，以及其純粹的愉悅感。我不需要理由或目的來感到喜悅。或許就是這樣的想法，讓喜悅能常駐我心。我一直把喜悅跟我必須贏得或配得上的東西畫上等號。但喜悅的恩典是純粹的，是種與理性無關的感覺——一種純粹的神祕經驗。

86 焦慮

禱詞

主啊，昨晚我有了一次真實的恐慌發作。我的心跳得非常快，快到讓我以為它會從胸口跳出來。我沒有焦慮症。但當我在凌晨兩點三十分凝視著窗外的時候，焦慮就像淋浴間門上的溼氣一樣，籠罩著我的心緒。我為什麼會有這樣的感覺？最終，我轉而問祢：「這是什麼？是某種緊急指導嗎？祢在告訴我什麼？這不是我平常聆聽祢或感受祢指引的方式。」

我知道如果我不冷靜下來，就會開始想東想西。我專注在（誰知道要做多久的）呼吸上，讓自己平靜下來，雖然我從來沒有真的變得平靜。然後，我心中充滿了這輩子從沒見過的影像：由於氣候變遷或其他全球性危機（以及那些還沒有發生）的劇變所產生的混亂景象。骨牌效應已經開始。我們究竟對這個地球做了什麼？我們的野心太大，想要的也太多。然後現在呢？現在，我們正在付出人命的代價。

主啊，我明白療癒的法則。我明白一個人無法逆轉已經在進行中的選擇，但一個人可以在生命中導入新的選擇，來影響已經做出的選擇所造成的後果。我們可能已經負債累累，但我們可以透過不要再增加支出、以及決定從今天開始還債，來改善我們的債務。無論是用哪種方式，我們都必須處理。

我們無法抹去氣候變遷的負債。與此同時，我們在影響環境恢復上所擁有的力量是非比尋常的。主啊，或許這就是我們這個世代最大的靈性挑戰。我們必須超越我們的差異、界線、語言、宗教和政治，最終連結成一個人類整體。主啊，我擔心我們是否有能力做出這樣的選擇。我真的很擔心。如果有什麼可以測試我們相信自己多有意識、多有靈性的話，那就是現在這個時刻。

指引

我們都聽過這樣的警告：在為時已晚之前，我們還剩下十或十二年的時間可以逆轉氣候變遷的影響。我不知道科學家是怎麼決定這些數字的。舉例來說，當前冰川融化的驚人速度，是始料未及的。所以，有誰真正知道在這些很久以前就預測到的災難性後果來臨之前，我們還有多少時間？

每一年，夏天都越來越熱，冬天也越來越冷。風暴的威力更加極端，洪水的範圍也更加廣泛。我們現在不僅僅有政治難民，也有氣候難民。我們不能把他們都拒之門外，或囚禁起來。很快的，我們將無法抵擋。而如果你是其中的一個，你會怎麼做？沒有人想要變成難民。他們也認為這件事無法想像，直到這件事發生在他們身上。

這是一個難以想像的時代。在最近的記憶中，沒有其他世代像我們一樣，面臨氣候變遷或環境災害。我們是必須解決這些困境的人。而這些是困境，不是問題或矛盾，沒有簡單容易的解決辦法。這些困境需要我們的改變。立法不能勒令冰川停止融化。我們需要改變自己的生活方式。上天不會介入，也不會為我們拒絕做出困難的抉擇而做出補償。這就是適用於整體的療癒法則。

這是個由法則與禱告支配的宇宙。請記住，禱告會增強法則的力量。當禱告夠多，產生足夠的恩典時，上天就會介入，而自然法則就會滿足我們的需要。那就是我們所謂的奇蹟。

恩典

主啊，請賜給我勇氣的恩典。我現在之所以活著是有原因的，絕不僅僅是為了收集東西，或者被動地處於否認的狀態。我不能告訴自己，我已經太老了，沒辦法參與這個轉變的偉大時代，不然我為什麼會在這裡？祢現在正在對著我們所有人說話，啟發我們成為光明的盟友，以及生命的媒介。我們正處在產道之中，也就是兩個世界的通道裡。我們是即將變成蝴蝶的毛毛蟲。

然而，在這種膠著的狀態，我們是如此地脆弱。我們正在積極擺脫一種模式，並試圖產生一種新的模式。是祢在呼喚我們產生那種新模式。那就是目前正遍布我們所有靈魂中脈動的呼喚。祢正在引領我們成功度過這個過渡期。

主啊，請賜給我勇氣的恩典，讓我得以在這個偉大的宇宙轉變時刻貢獻力量。

87 神恩的召喚

禱詞

主啊，我已經思考過很多次神恩（charism）的神祕概念。我知道神恩是我們的「個人恩典」，透過這種恩典，祢得以認識我們。我非常喜愛這種描述方式。我喜歡我們每個人都有一種獨特的內在恩典，這種恩典原本就是應該在我們的生活圈中發掘和分享的。

我常常認為，恩典無法被看見這回事是不幸的。如果可以看得見恩典，人們對上天與禱告的看法會有多麼不同。而假如只有一種恩典可以看得見，或許神恩的恩典會是最誘人的。因為誰不會向內尋找屬於他們自己獨特的恩典呢？如果知道有這樣的內在寶藏可以發掘，誰會不開始禱告生活呢？

我把每個人的內在寶藏視為只有他們能散發出的聖光，一種體現靈性恩賜的光，完美地投射到一個人獨有的人生道路上。可惜啊，這樣的恩典是看不見的。懷疑仍然很強烈。儘管如此，靈魂還是有辦法誘導人們去尋求那種恩典。人們宣稱他們「是為了某種特別的東西而生」。我們瞧不起「平凡」。我們被「發掘我們最大潛力」的想法所吸引。所有這些，都是我們真正追求的東西（我們的神恩）雜亂無章的言詞表現，我們無可名狀，因為我們沒有那樣的語言。

我們每個人都想要接觸我們的神恩，也就是祢賜給我們的恩典。這就是禱告和信仰所釋放的恩典。主啊，我開始意識到，如果沒有禱告，跟恩典的直接接觸就是盲目的。或許在上天與恩典無形的運作中，蘊含著偉大的智慧。

指引

我們無法停止尋找神。不論我們怎麼稱呼這種追尋，我們都無法阻止自己渴望知道我們來到這世上的獨特理由。而當我們感覺自己可能在浪費生命的恩賜時，對我們而言是種巨大的痛苦。你一直在尋找的，就是你的神恩，是神得以認識你的恩典。在這種恩典中，是你被召喚去做的一切——只有你能做到的一切。這種恩典蘊藏著你所有潛力的種籽，然而它也是你愛、服務、忍耐與對他人表達同情心的潛力。在你的恩典中，是你把恩典傳遞給他人的潛能。我們每個人生來都渴望找到通往這種恩典的路。而在上天的幫助下，我們通常都會找到。

恩典

主啊，請帶我深入內心，讓我休止於神聖聆聽之中，這樣一來，我才可能認識到我的神恩恩典。請讓我仔細思考我提問的理由，直到我的理由變得純粹。超越好奇、超越驚異、超越無趣、超越對於「平凡」的恐懼。請幫助我用謙卑的方式發問，因為我已經準備好讓這種恩典改變我了。

主啊，我已經準備好成為這個世界上恩典的媒介了。

88 夢遊於邪惡之中

禱詞

我不得不承認，主啊，我擔心這個世界，而且擔心的不得了。這超出了我的能力範圍。我只能夠用禱告來告訴祢這件事。人們正夢遊於邪惡之中。他們已經對黑暗與邪惡的行為相當習以為常了，習慣到他們幾乎不會注意到這些行為，更別說認清這些行為的本質了。

有很多人對於邪惡的存在不屑一顧，對這個詞深惡痛絕。這種傲慢正是邪惡最大的財富。黑暗依賴著人們的傲慢、貪婪與軟弱。這些都是邪惡可以進入並與我們同在的門戶。人們不了解邪惡是如何運作的，也不了解邪惡在這方面上運作得有多得心應手。

舉例來說，天使已經被商業化與大眾化了。人們很輕易就相信天使。他們很喜歡這樣。他們相信，天使會介入他們的生活，幫助他們找到停車位。但至少他們認得出這些天界的存在。但他們不承認有黑暗天使，也就是在這個世界上與天使對等運作的惡魔。那麼，他們認為是什麼樣的力量，會鼓勵自殺的念頭呢？他們認為是什麼樣的存在，在背後鼓勵仇恨和指責？

主啊，黑暗從來不曾像現在一樣掌控過全球社群。甚至教皇也警告過，梵蒂岡被魔鬼把持。然而，作為一個神祕主義者，我能夠理解這點。從來沒有這麼多人脫離禱告，或者脫離對於靈魂需要恩典保護的信念——這是一個所有傳統的靈性領袖與神祕主義者教導了數千年的真理。只有在核子時代的我們膽敢質疑上天。矛盾的是，我們失去的最多。是什麼樣的物種會歡慶他們創造了能夠自我毀滅的武器這個事實？那就是黑暗的最終凱歌。而我們給了黑暗最棒的工具：我們的傲慢。

指引

邪惡是真實存在的。這點無庸置疑。我就直言不諱了。有天使，也有惡魔。傲慢以及用數不清的替代詞彙（例如「負能量」）來重塑惡魔存在的現實，都是邪惡的花招。在我們的生活中，邪惡的力量就跟神聖的指引一樣活躍。要靠著每個人深呼吸、保持謙卑、進行調整，然後再做出決定，來重新跟他們的良知，以及積極有機的神聖指導系統，建立起清晰且有意識的連結。

沒有人有足夠的意識來調整或監控自己。我們必須仰賴從靈魂中獲得的直覺指引。這種直覺指引（也就是我們的良知）會提醒我們什麼是對，什麼是錯；什麼是善，什麼是惡；什麼是人道，什麼是不公；什麼是道德，什麼是不道德。這些靈魂的法則是跨越宗教的。它們是普世價值，是交織在我們直覺線路中的內建神聖知識。而這種神祕知識的原意，就在於主宰我們跟光明與黑暗的關係。正是我們在光明與黑暗之間存在的這種關係，解釋了為什麼自由意志和選擇是這麼強大而富有力量。

最終，我們所做的每一個選擇，不是增強了光明，就是餵養了黑暗。這就是創造系統的運作方式。一切都是關於選擇與後果，行為與反應。我們的決定會引導我們在個人與全球生活中的一切經歷所創造出來的事物，以及造成的影響。沒錯，生命就像這樣有條有理，也就是這麼簡單。

恩典

驕傲和自負會滋養我們想要控制我們的世界以及其中一切人事物的慾望。我們認為我們知道什麼是最好的——對我們自己而言。這種態度來自於恐懼、常識、經驗的混合，以及所有恐懼的泉源：失去控制。

當我們發現自己失去控制時，我們所需要的恩典就是謙卑。沒有什麼比我們感受到自己的渺小更能擺脫自以為重要的襲擊了。

主啊，請賜給我謙卑的恩典。請讓我遠離想要根據自己的需要重新設計這個宇宙的誘惑。我是什麼人，憑什麼決定這個宇宙要怎麼設計？我知道宇宙有多少行星和恆星嗎？我知道自己死了以後會發生什麼事，或者在出生之前我是誰嗎？我怎麼知道，是什麼力量支配著我短暫的一生？所有偉大的神祕主義者都告訴過我們，這個世界有兩種力量，總是在平衡與失衡間搖擺。我可以感覺到，這兩種力量在我內心裡活躍。我明白這份教導所蘊含的真理。而且我也知道，我是怎麼在內心裡創造出不平衡的：我做了黑暗的選擇。我從經驗中得知，黑暗具有權力。我感覺它就在我的骨血之中。因此，主啊，請賜給我能夠明察秋毫的恩典。請讓我一直處在保護的恩典之下，主啊。請引導我不要陷入誘惑，而是帶領我進入並永遠朝向光明。

89 奇蹟之愛的力量

禱詞

主啊，今天早上我跟祢一起走了很長一段路，沉思著在暴力（不論是在我們周圍，或者在我們心裡）中愛所發揮的力量。愛有無窮無盡的表達——個人的、非個人的、宇宙的、神聖與聖潔的。愛就是這些力量以及更多的表達。

愛是從心底拉出的神祕絲線，將我們與某人連結在一起，不論他身在何方，即使是他已經回歸祢的懷抱。愛永遠不會消失。我愛我逝去的家人，就好像他們還在我身邊一樣。時間、空間與生命的轉變都不會改變這種愛。

不過，我們真的相信愛的力量嗎？我不敢肯定。或許在小地方上是如此，但現在這個時候，需要的是奇蹟般的愛——真正的愛。我們需要愛，這很重要，而且沒有例外。我們需要用我們的心最柔軟的部分去愛。我們需要敞開心扉，去發掘在這個混亂的時代裡，我們能夠愛什麼，以及愛哪些人。最終，這個選擇會落在對祢的信任上，主啊。而或許這個社會動盪的極端時期，能夠激發我們內心對集體愛的力量，這種愛跟我們之前所經歷過的一切都不一樣。這是種對人類的愛，對我們星球的愛，對所有生物的愛。這就是這個時代所喚起的愛的品質。

愛的海嘯可以改變一切。我相信這點。我相信我們可以療癒過往的創傷，也能夠療癒每天在我們眼前發生的恐怖事件所帶來的傷害。祢不會替我們做這件事。祢不會把我們從發現愛的力量的恐懼中拯救出來。我知道。或許我們所需要經歷的第一個奇蹟，就是突破我們自己對於愛無疆界的恐懼。

指引

關於作為一個人所代表的一切，如今都在受到考驗。我指的就是一切：從我們相信什麼是神真正的本質，到我們的價值觀與道德規範，到我們相不相信我們的氣候正在變遷，再到我們要怎樣走向未來——是否要持有大規模毀滅性的武器。甚至「大規模毀滅性」這個概念就讓我感到無法呼吸。是什麼樣的人專精於「大規模毀滅性」的技術，然後晚上下班回家還能安心吃著晚餐？什麼時候我們才會不再認為殺人是保障我們安全的方法？這個方法從來沒有奏效。

作為一個社會，我們比過去任何時候都還要偏執、害怕，心靈也更受到汙染。我們認為毀滅是一種保護，也不再相信恩典與神聖指引的保護。這種交易的代價是我們集體的靈魂。有一群人沒有看見我們周圍心理和情緒健康的衰退程度，因為他們正在蓬勃發展自己的信仰體系。但我們並沒有因此茁壯，而是讓靈性處於饑荒之中。

作為一個社會，在談到誠信、道德與倫理的問題時，我們都岌岌可危。我們無法解決問題，因為我們缺少真正承認我們所面臨問題的真誠。我們已經太習慣聽信謊言，以致於我們甚至沒有意識到，這些謊言為我們的靈魂增加了多少罪惡。

有意識的說謊是犯罪。罪是正確的用詞，直接引用自神聖的語彙。故意的欺騙是一種罪。

不是錯誤、不是差錯、不是過失，就是犯罪。當說話的人意圖欺騙聽話的人（同時贏得他的信任），就犯了罪。忘記這一點，我們已經變成了一個僅僅擁有指責、仇恨和原地踏步的社會。這是怯懦，是欺騙的另一種後果。

我們需要愛的奇蹟，神聖與神祕之光像宇宙般寬廣的注入，才能提高我們的意識標準。我們必須摘掉眼前的遮罩，才能再次看見我們的人類同胞。我們來自於具有創造力、進取心、獨立性、慷慨大方、充滿生機、富有遠見，以及豐饒有餘的傳統。我們不是自私、害怕失去、害怕分享、害怕不足夠的人。我們不會那樣說話。我從小就不會那樣想。

創造力是一種心態，一種思考方式，也是一種禱告的方式。今天我們有機會可以發掘愛可以做些什麼。我們必須回應這個機會。我知道這並不容易。我自己必須不斷地努力。在很多事物誘惑我去進行批判時，我總是祈求支持的力量，讓我能堅持愛的承諾。但我們所有的生命都有賴於它。

恩典

主啊，祢奇蹟之愛的恩典比我自己所能知道的任何一種愛都偉大。我知道個人的愛，但那只是種小愛——就像是沙灘上的一粒沙。奇蹟之愛本身就是海洋，能夠改變海岸線，讓所有的船隻都漂浮在水面上，永無止境地支持著生命。祢向我們傳達了訊息，要我們成為上天在這世上的雙手、心臟和僕從，成為神聖真理的實體存在。主啊，沒有什麼比這個更困難，也沒有什麼比這個更重要的了。

主啊，請把我的心繫在奇蹟之愛的一縷線上，並且一直照看我。請透過我的想法和行動、我的言語與心中所想，幫助我成為這種愛的渠道。

90 關於自殺的指引

禱詞

主啊，我跟祢說話的方式，就好像祢跟著我一起走生命裡的每一步，因為我相信祢的確如此。我已經習慣跟祢進行這種具有反思與冥想的深度對話。在神聖聆聽的時刻，我可以感覺到祢特別的恩典。它告訴我，存在一個神聖的門戶。因此，我現在向祢尋求關於自殺的建議。我應該對嘗試過自殺（而且很可能還會再嘗試）的人說些什麼？我應該給自殺者的親友提供什麼樣的建議？主啊，為什麼最近選擇結束生命（這種應對痛苦的極端選擇）的人這麼普遍？

我需要祢充滿恩典的指引與建議。今天早上，我就坐在這裡，手上拿著筆，在神聖聆聽中靜心。今天的時間就在靜謐中流逝。思緒一點一點地融進了我靈魂的土壤裡，就像是溫柔的雨滴。我們受苦的原因有很多。我明白。我們為什麼會在生活中掙扎，其中不乏充分的理由。

然而，缺乏希望的恩典會讓我們的痛苦變得難以忍受。當一個情況似乎無法解決或永無止盡時，一個人應該寄望什麼？答案是不是隱藏在接受的力量的奧祕裡面？在人生中，一些障礙雖然無法解釋，但必須被當成課題來接受。就是這麼簡單。主啊，無法接受與忍受困難的階段、挑戰、改變、疾病或後果可能會造成我們失去希望。如果時間夠久，缺乏希望將不可避免地引導我們走向崩潰的邊緣。

我們這種生物，需要希望的恩典才能忍受我們認為無法忍受的一切。我們需要恩典，就跟我們需要氧氣一樣；的確，恩典就是靈魂的氧氣。我知道禱告是產生恩典的方式。我現在認識到，忍耐和希望的恩典都存在我內心裡，主啊，因為不論在怎樣的處境下，這些恩典都會在我內心裡驅動支持著我的想法。

主啊，祢運作的方式真的很神祕。只需要一個禱告，上天就會現身。人們告訴過我，當他們處於人生最低潮的時候，就會有人憑空出現，幫助他們的人生回歸正軌。另外一些人分享的故事，則是關於他們在幾乎沒有力氣看書時突然讀到對的書，或者突然看到通常不會看的節目中的採訪。而那些正是他們需要聽到的。祢總是會出現。只需要一個小小的禱告，和最少量的一點點信心。

主啊，請把希望和忍耐的恩典賜給許多發現自己身處崩潰邊緣的人。請用耐力來包圍他們，讓他們能多活一天——有時候，只是多活一個小時。請派遣療癒天使來幫助他們度過這條黑暗的通道，不論有多麼長，不論有多麼黑。

指引

因為種種原因，自殺率越來越高。其中包括了絕望，也就是缺少對任何事情都能夠或都將會改變的信念。很少會有人提到，希望和信心都是恩典，而禱告則是恩典的驅動力。真的很少。上天確實是以神祕的方式在運作，一點都不像人類的運作方式。這個事實經常會讓人失望——而且導致一些人質疑聖域的存在。對此，我的回應是：「這種懷疑對你的健康和幸福有什麼好處？」

唯有在受到恩典滋養的情況下，我們充滿活力的本性才會閃閃發光。難道真的有可能在沒有希望的情況下，獲得情感上的快樂嗎？或者在沒有內在信任的情況下，在一段關係裡保持平靜和專注？又或者在沒有忍耐的恩典下，在生活中（以及關係中）保持情緒上的堅強和穩定？不可能。恩典是必不可少的。

恩典是靈魂的氧氣。跟氧氣一樣，上天是無形、無聲而且在運作上很低調的——但對我們的健康非常重要。上天不會以對我們的自我最好為優先考量，而是會考慮什麼對我們的靈魂最好。這個真理可能通常不會滿足我們直接的慾望。但當我們回過頭看，就會發現上天的指引早就已經交織在我們人生的設定之中，蘊含在我們踏出的每一步裡。

恩典

主啊，請把足夠的希望與忍耐力賜給我和其他需要的人，尤其是在我人生中什麼都沒有意義，而我感覺自己處於崩潰邊緣的時候。這種恐懼是無與倫比的。不知道該做什麼，也不知道該找誰幫忙，是很可怕的一件事。我需要仰賴祢的幫助，特別是在我向後墜落的時候。

請賜給我祢的保護，主啊，從現在到永遠。

91 心之所向

禱詞

主啊，我今天的禱告，是為了提升我對於生命中其他人需要的覺察。我可能沒辦法用言語或行動來回應每個人，然而我可以用禱告和恩典來回應。當我無意間感受到另一個人的能量場的時候，我就會知道。我現在已經變成了一個調整好的感應儀。

當我遵循召喚去做直覺解讀（intuitive reading）時，我沒有預料到的是，所有內在的道路都無可避免地通向愛。我感受到的，不是個人的愛。事實上，主啊，祢給了我一顆無私的心，這樣的恩典在我還是個年輕女子的時候可能會感到害怕。但我非常驚奇地了解到，在這顆心裡除了空間，什麼都沒有。有些人永遠不會進入我那顆比較小的心——永遠不會，但卻溜進了這顆大的心裡面。這真的很有趣。

愛是種驚人的力量。永遠都用不完。而且愛不需要對象。我可以就這樣沉浸在愛裡面，然後愛就開始流動。我不知道愛會流向何方，或者流向誰，但這種感覺是非比尋常的。愛是種偉大的力量。或許這就是我們給祢的光所取的名字。

指引

我們很早就明白，我們無法控制愛。是愛控制了我們。愛可以佔有我們。愛給了我們持續的耐力，去照顧我們所愛的人，有時候是幾十年之久——只因為我們愛著他們。愛召喚我們去寬恕、去忍耐、有耐心，還有感到同情。愛對我們的要求，通常比我們認為自己能夠給予的還要多——只是為了讓我們發現，如果必要，我們可以付出那麼多（甚至更多）。

有些人會讓我們希望自己可以停止去愛。如果我們能停止愛他們的話，生活可能會變得更容易。而也有些人會讓我們希望自己可以多愛一點。愛有它自己的想法。然後，我們也會希望被某些人多愛一點。我們沒辦法要求其他人愛我們；我們自己也只能愛那些我們愛的人。這就是個人愛的方式。

但超越個人的愛是不一樣的：非個人的、普及的愛。愛就是愛。愛的本身。這就是你房間裡個人用的燈泡（它的確提供了一些光明）以及太陽（就是光明本身）之間的區別。一個是個人的，另一個則不屬於任何人。就是這樣。這種類型的愛會摧毀你個人心中的藩籬，讓你感受到愛（陽光）完全不需要任何特別的理由。你不需要愛一個特定的對象才能明白愛。你不必要有目標、有目的、有一個「特別的人」來了解愛（或者光）是什麼。你知道，是因為你直接站在太陽照射下來的路徑上。你感受到它。你知道它。那就是當你明白愛是所有生物最渴望的光的時刻。

恩典

雖然我們用很多方式來思考愛，但卻很少認為它是種恩典。我們很少祈求獲得一種恩典，一種內在的耐力，讓愛的力量通過我們心裡；讓愛流動，不受到我們對於它提升、解放、療癒與改變他人的恐懼所阻擋。我們會害怕愛的改造力量，就足以證明我們生命中的每一種恩典的力量有多麼強大。

主啊，感謝祢賜給我愛的恩典。這是種奇特的恩典，因為從它的力量中，我經常感受到內心巨大的痛苦，以及巨大的喜悅。我現在明白，我瞥見的是我們在自己生活中因為沒有選擇愛所產生的不必要的痛苦。讓我們受苦的不是祢。也許如果我們能有足夠的愛，就能減少對彼此的恐懼。

92 服務與犧牲

禱詞

主啊，最近我看到祢正在草擬一種行動上聖人和烈士的新類型。這種病毒就像森林大火一樣迅速蔓延，成千上萬的人類（治療師與人類真正的奉獻者）已經聽從召喚，奉獻出他們的技術與生命。因為他們正在對抗的危機，有許多人都生病了。這不就是戰爭的方式嗎？

我們之中有許多不屬於這些治療師的人，正眼睜睜地看著這個狀況，眼中帶淚，心中痛苦，對我們還可以做更多但卻沒有做的事情感到憤怒。說服務很容易。但在靈魂層面的服務，從來都不是個人的選擇，不是嗎？我想像這些醫護人員中，有很多人都陷入兩難，知道他們可能會讓家人陷入危險——或許已經如此。靈魂的服務總是需要犧牲。

主啊，也許靈魂的服務以某種方式與犧牲交織在一起。或許當時看起來像是一種犧牲，但實際上卻是釋放了某種我們以後生活中難以承受的重擔。誰知道祢的智慧是怎麼運作的呢？我只知道，在某種程度上，關心他人永遠都不會是錯誤的選擇。

指引

有時候，靈魂的服務需要終極的犧牲，正如我們現在從許多人身上目睹的那樣。我們曾經在戰爭時期見過這樣的事。但我們現在正在打心靈上的戰爭。我們正處於能量的戰場上。我們必須將自己視為活在戰場中，而非只是活在戰場上。我們就是病毒活生生、會呼吸的戰場。除此之外，還有什麼其他的方法能讓我們理解，我們共同創造了我們的現實？

恩典

像這樣的時刻，我們每個人都需要祈求療癒、同情、堅強與勇氣的恩典。我們必須把這些恩典傾注給冒著生命危險來保護我們其他人的每個人身上，因為有了他們，我們才有餘裕，能夠在每天大部分的時間都待在家裡。

即使這次危機過去（終究會結束的），還會有其他危機到來。我們必須永遠、永遠都不忘記為那些被召喚做出靈魂服務與犧牲的人禱告：專業的醫護人員、超市店員、市政府員工、郵務工作人員，以及為社區服務的每一位公職人員。

> 主啊，請保護那些祢召喚來為他人服務的人。請保護他們（以及他們的家人）免於傷害。我對這些人充滿了愛。我的心中充滿了感激。我能想到分享這種愛的唯一方法，就是祈求他們能夠幸福。因此，我請求祢，用祢的聖光照耀他們所有人，以及許多他們所服務、需要祢憐憫的人。

93 幫助我做出勇敢的選擇

禱詞

主啊，有對的選擇，也有錯的選擇。最近兩者的差異對我來說非常顯而易見。然後還有勇敢的選擇——那些從我直覺中冒出來的選擇。事實上，現在就有一個正在冒出來。但我不喜歡它，一點都不喜歡。我不喜歡它，是因為我知道那是對的事情……是我必須做的事，但我不想去做。我需要那種超乎常人的勇氣。我需要勇氣的恩典。我需要祢的介入來包覆這個選擇，用這種恩典注入我所選擇說的話，並且祝福說出這些話的後果。

有時候，我很難忍受自己那種雷射般的清晰。這就是其中一個那樣的時刻。我從來都不介意把這種技能用在自己身上；我對自己總是不留餘地。然而，有些時候，我知道我需要對別人也一樣冷酷無情。而這時所需要說的話，感覺就像是種負擔。這讓我猜想，那些跟我親近的人多少次有一樣的感受，想要對我說一些敏感的話。或許一直都是這樣。

我們在人生中需要神聖的見證者：那些愛我們愛到足以告訴我們真相的人。那些我們深信不移的人，當他們反映出我們正在偏離正軌或背離我們的一致性時，我們會願意聽從他們的話。神聖的見證者是我們人生中的祝福，即使有時他們所帶來的訊息會像宇宙大小的蜜蜂一樣螫人。

主啊，這些人是我們生命中罕見的靈魂。我已經明白了。而今天，我必須成為我深愛之人的神聖見證者。這也是我發現自己遲疑著說不出口的原因。我想請祢告訴我，什麼能說，什麼不能說：請讓我事先看見對話的後果。我知道我不得不進行這段對話。我知道那些時刻還在未定之天，但我也知道祢已經知道事情會如何發展。在神祕的方式中，兩者都為真；在神祕的方式中，存在於人類世界中的矛盾將會在神聖領域融為一體。

指引

真理建構了事件與對話。真理的力量與電能會在我們內在的大氣層中產生火花，讓我們覺得自己好像快要爆炸了，除非我們說出心裡的感受或想法。我們必須讓真理揭露出來——否則我們絕對會爆炸。而且我們必須願意聆聽真理對我們說的話。

同樣重要的，是我們必須學會如何分享真理——要怎樣記住「我們的真理」只是部分的真理。我們沒有人能夠真正把對方看得那麼清楚、那麼完整、那麼深入。我們對彼此的了解都只有支微末節，就像其他人對我們的了解一樣。隨著每一個我們獲得的新見解或採取的積極行動，這些枝微末節會一直改變。因此，當我們需要與他人分享見解時，我們應該要一直牢記，我們對於對方（對於他的靈魂深度）的了解是那麼的少。讓我們記住，我們是透過自己的眼睛，而非神聖的眼睛來看待那個人的。

恩典

我們需要（事實上我們必須要）勇氣的恩典來檢視我們與他人的真理。真理是生命中最大的改變媒介。我們需要勇氣來看見真理，來率先接受自己內在的真理，否則在與他人交談中，我們就無法看清或誠實面對自己的動機。

主啊，在我知道需要說些什麼但害怕說出口的時候，請賜給我勇氣的恩典。在這些抉擇的時刻，在除了說真話以外別無選擇的時候，請陪伴在我身邊。當祢指引我的時候，我會知道的。有什麼比尋求指引，然後裝作沒聽見更愚蠢的事呢？要有勇氣按照指引來行動，還需要另一種恩典：信任。一個選擇會導致另一個選擇，然後是另一個選擇。生命之輪因此轉動。難怪神祕主義者會用那麼多不同的方式寫到：「把神留在身邊。」生命確實是個迷宮，是一段具有無盡轉折的旅程，有時候似乎會帶領我們走進死胡同。但最終，我們都會來到祢身邊。

94 愛的傳送門

禱詞

主啊，人們總會問我是怎麼禱告的。他們問我在向誰禱告，還有我怎麼知道「有人」在那裡。（主啊，他們說的就是祢。）他們想知道，我怎麼知道我不僅僅是在自言自語。我告訴他們，這些都是合乎邏輯的問題。畢竟，大家都知道我常常自言自語。然而，當我自言自語的時候，從來沒有感覺到那種跟祢說話時會感受到的恩典之流。

我多麼希望可以把恩典的經驗轉移到問我這些問題的人身上。我把這種經驗跟愛的感覺相比擬。我要他們專注在他們對某個人全部的愛上面，讓自己沉浸在那種愛中一會兒。然後我要他們想像一下，我不知道愛是什麼感覺，請他們向我描述這種感覺。在他們描述之後，我問道：「如果我自己沒有經歷過愛，要怎麼知道愛是真實存在的？不過，我還是會被吸引去尋找它。即使是愛的概念也很吸引我。一定有什麼被稱為『愛』的東西，因為你們不可能都瘋了。」

「你們所有人不可能都想像出這種無形的力量，把你們與另一個人如此緊緊相繫。但你沒辦法向我證明它的存在，至少在科學上不能。你沒辦法拿給我看、沒辦法測量它，也沒辦法把它放在盒子裡。然而，這種無形的物質控制著你內心的一切。這就是我知道神聖領域是真實存在的程度。它對我來說是這麼真實、強大的存在，就像愛對你來說一樣。」

主啊，我認為愛是通往神聖領域的傳送門，是通往祢的道路。愛通常是沒有道理的。人們會造成傷害，但我們仍然愛他們。我經常會聽到人們告訴我，他們害怕去愛。怎麼可能呢？一個人怎麼可能會害怕敞開他們的心扉呢？相反的，一個人應該會說：「嗯嗯，我想知道我的心有多大、有多寬、有多深。我想知道，如果我放手讓愛用它的方式伴隨我，我的人生將會怎樣改變——我自己將會怎樣改變。」

愛是奇蹟的燃料。愛支持著我們度過最艱困的時期。主啊，我等了太久才學會這一點。愛是神祕的流通。這是讓黑暗最害怕的一種力量。愛就是祢聖光的實踐。

指引

我曾經聽見人們說，他們害怕去愛，因為他們可能會受傷。我說，去受傷，一了百了！然後繼續前進。那些關於修補心碎的歌曲完全是胡說八道。一顆心註定是要破碎的——破得敞亮。你不會去「修補」破碎的心。你會用人來填補這些破洞——很多很多的人。狹窄封閉的心只不過是個麻煩而已。狹窄封閉的心產生的就是狹窄封閉的想法。你會以狹窄、沒有安全感的方式去愛。

大方去愛。大膽去愛。用遠超越浪漫幻想的方式來想像愛。當你明白愛是種非個人的宇宙神聖力量——無關對象或理由時，愛就是最強大的。愛就是愛。它表現在善良、同情、耐心、服務、慷慨與寬恕上；愛不只是用來對待你認識的人，而是用來對待每個人。

恩典

神聖的愛是你所需要的恩典，以療癒你心中無法自我療癒的創傷。我們所有人都知道，被深深傷害到幾乎無法呼吸的感覺是什麼樣子。我們可能想要原諒那個人，也許那個人也想要原諒我們，但是我們卻完全處於死胡同中。我們曾經感受到的愛就算沒有完全從我們的系統中流失，也已經凍結。

神聖的愛能夠恢復與更新我們再次去愛的能力。這種恩典為你提供了力量，去原諒那些你認為永遠無法原諒的人事物，並讓你擁有會讓你更好的友誼或夥伴關係。

主啊，每次我沐浴在陽光下的時候，請讓我想起神聖之光與愛的力量，尤其是在我感覺不到愛的時候。在這些時候，請用祢的愛照耀我，如此一來，我就可以在那一天成為給其他人送愛的管道。至少可以防止我去傷害其他人——防止我把那天可能感受到的任何憤怒或個人痛苦轉移到他們身上。這些問題是我自己需要療癒的。因此，請帶領我穿越愛的傳送門，一天一小步。在這段神聖的旅途中，主啊，請祢庇祐我。

95 如宇宙般寬廣的愛

禱詞

如果沒有祢的邀請，我們就無法愛得如宇宙般寬廣。主啊，在經過多年研究神祕主義者與聖人的生平之後，我終於明白了這一點。他們都有宇宙般寬廣的心，也都同樣有另一樣東西——來自於上天的直接邀請，邀請他們在有生之年，成為那種愛的力量以及那種力量所帶來後果的渠道。

多年來，我一直想知道，為什麼那些聖人遭受那麼多痛苦，為什麼他們在與神聖領域相遇後，過著那麼古怪又極端的生活。難道他們被逼瘋了？我猜想著。主啊，我不想對這樣的事情感興趣——但我忍不住。我對此著了迷。他們為什麼會這麼熱衷於此，這麼虔誠？他們是怎樣描述狂喜與極度痛苦的狀態的？

主啊，我相信有時候祢會慢慢地、漸漸地透過內心深處漫長的理解來回答我們。或者只是因為我沒辦法一下子就理解祢的答案。但我最終還是掌握了至少一小部分的神聖知識。而真理通常在我們內心產生痛苦與狂喜的反應，在幻象的外殼剝落的同時，我們也意識到我們仍被它們所桎梏。

舉例來說，我看到那些知道氣候變遷是真實存在的人所感到的痛苦。他們體會到大自然是有意識且有生命的，而他們必須應付那些否認這種知識的人。那種痛是發自內心的。然而，在他們回應代表大自然的內在呼喚時，他們也認識了一種狂喜：他們明白為了生命而服務生命的意義。那就是如宇宙般廣闊的愛，而這種愛需要犧牲。

聖女大德蘭將靈魂描述成有七座宅邸的鑽石，但卻指出她自己等了二十年，才被召喚到靈魂的第四座宅邸。她等待著祢邀請她進入神聖的宇宙之心。因為沒有祢的邀請，那麼強大的愛會壓碎她人類小小的心。

如果我們要引導宇宙的愛，就不能浪費時間在瑣碎又無意義的事情上。我們自我的小家子氣必須被清除。這可不是一件小事啊，主。但比起神聖如宇宙般廣闊的愛以及它的療癒權威，療癒自我是很值得付出努力的。而有了祢的幫助，這項任務還會有多難呢？正如聖女大德蘭教導她的修女時所說的：「有了上帝，一切皆有可能。」

指引

我相信療癒的恩典可以消除任何傷害——即使是最痛苦的記憶。雖然記憶還留著，但再也不會在我們心中引起傷痕；再也不會在夜裡「陰魂不散」。我已經了解到，療癒需要臣服於恩典的力量，就像放心地往後倒在可信賴的朋友懷中一樣，因為你知道他會接住你。但諷刺的是，你無法轉身確認他們是否在那裡，因為那樣你就要冒著失去平衡往旁邊倒下的風險。你必須完全信任地往後倒。

同樣地，當你祈求療癒（任何事）的時候，你要放心交出的不只是創傷，還有你是誰，以及你的狀況如何。你不能固執己見，仍然堅持要對某人生氣。不能是一點點；不是全有，就是全無。而那種程度的臣服是極度困難的。我不是跟你說笑。這是種自我的死亡。沒有禱告和恩典，你是做不到的。

恩典

我們可以稱呼自己為治療師，但沒有療癒的恩典，我們就像是沒有加油的車子。療癒的恩典來自於神聖。我們把這個恩典傳遞給需要的人。但我們自己需要準備好成為這種恩典的渠道；也就是負傷治療師[30]的故事。首先，恩典就像香氣馥郁的古龍水一樣，是賜給我們療癒自己的。然後，當我們足夠清楚的時候，就會像強烈的香水一樣流過我們，來療癒其他人。

主啊，請讓療癒的恩典像聖潔的雨一樣傾注在我身上，尤其是當我沒有意識到自己需要它的時候。請讓療癒的恩典時時刻刻流過我的頭腦、我的心和我的靈魂，以防止黑暗在我的系統裡找到孵化的地方。請幫助我療癒第一個負面的想法，這樣一來，我就沒有時間去創造第二個了。主啊，請讓療癒的恩典用各種可能的方式，從我這裡流向其他人。

30　譯註：「負傷的治療師」一般公認是心理分析大師榮格（Carl Jung）所提出的概念，意思是一個具有治療能力的人，之所以會有這種能力，是因為在過去曾經受過一定程度的身心創傷。（參考資料：林克明，《受傷的醫者：心理治療開拓者的生命故事》，心靈工坊，2014年）

96 是虛心求教的時候了

禱詞

主啊，我必須承認，今晚我陷入了深深的絕望。我聽過太多人說，他們為社會上那些剛剛經歷過恐怖危機的人「送上關心和禱告」。但主啊，他們並沒有真正在禱告。他們之所以這麼說，是因為他們害怕說實話。他們躲在神聖語言背後，用神聖語言作為政治的擋箭牌。或許其中有些人真的有為暴力的受害者禱告；只有祢會知道真相。但我知道禱告的力量有多深刻、多真實；而我也知道，承諾你會為某人禱告，卻沒有做到，是種違背靈魂的行為。禱告不是政治。

主啊，我知道我現在正在發脾氣。沒錯，我承認。但如果人們真的相信祢，他們就不會在不承認自己處於神聖領地的情況下，大言不慚地談論禱告（祈求祢的幫助）這件事。總有一天，這些人自己會需要祢的幫助。他們將會需要恩典的力量進入他們的生命。而我知道，祢也會回應那些禱告。祢總是這樣做。還好祢沒有聽從我的建議！（多年來我已經注意到，祢從來都沒有徵求過我的建議。這種指引的工作是單向的。）

因此，我會虛心求教。可以這麼說：我會回到在生命劇院中屬於我的座位上。我有什麼資格發一頓宇宙級別的脾氣呢？我又不知道在這裡誰有怎樣的神聖任務。我還沒學會，有些真理我已經知道了幾十年，但還是不得不提醒自己。我想到了佛陀教導我們，生命充滿了幻象……總是會認為自己知道得更清楚，認為其他人應該這樣或那樣做。但在祢的幫助下，主啊，我有了一些進步。我能感覺到，我內心隱約的糟糕感受在告訴我，我越界了。是該虛心求教的時候了。那種隱約的感受再次提醒我——祢不是來服務我的，但我是來服務祢的。好吧。主啊，我說完了。是時候回到我生命劇院的座位上了。

指引

有什麼比認定你清楚發生了什麼，而且你有正確答案更容易的事呢？或者是你站在「對」的那一邊？但有多少次，你後來發現實際上你根本不知道自己在說什麼——甚至更糟的是，你完全就錯了？然後你向自己保證，你不會再犯這種判斷上的錯誤。你不會再掉進反應過度或認定自己知道得更多這樣的陷阱裡。然後……然後……嗯，你懂的。靈性的教導不會強調謙卑需要把自己磨成沙土（也就是「屈辱」自己），但要避免我們（很諷刺地）因為自己的傲慢而自取其辱。

恩典

謙卑是用來保護我們不受自己最糟糕的直覺所誤，其中包括了我們對自己一無所知的人和情況過於武斷的傾向。不管怎樣，我們究竟能了解多少？有高達一半的時間裡，我們幾乎搞不清楚自己在做什麼，更別提陌生人了。即使是家人和朋友，也都有我們不知道的個人原因（我敢說，是內在的指引）。

我一次又一次地了解到，我們每個人在生命的劇院中都有一個座位。我們都是從自己的位置來看待世界，而我們最好記住，我們不知道從其他位置上看到的風景是什麼樣子的。

主啊，請賜給我謙卑的恩典。我會提醒自己「虛心求教」，尤其是當我批判的那一部分開始發揮的時候。祢不只一次把我從最糟糕的本能中拯救出來。當我對某個人充滿負面想法時，會突然對同一個人瞬間產生同情——提醒我已經越界了。我明白這種恩典的力量，因為我常常會需要它。所以，主啊，請用謙卑來庇祐我——這是種我希望自己可以不需要那麼多的恩典。

97 主啊，請照看我們

禱詞

主啊，請一直照看我們。我們每一個人。我知道祢正在照看這個世界。祢照看著世界大戰的發生，但這並沒有阻止大戰發生。我們無法理解事情為什麼會這樣發生的原因，或者實際上我們是怎樣影響生命中更大的事件。但我們確實影響了這些事件。我們是創造的媒介。我們只是沒有意識到自己有這樣的權限，因此正在濫用它。

舉例來說，主啊，我們最大的障礙，就是我們無法找出作為人類整體一起合作的方法。這可以在幾年之內就解決掉很多像這樣的危機。就是這麼簡單。主啊，這就是我們所需要的。我們需要祢照看我們，避免我們按照最糟糕的本能行事，尤其是現在，當我們面臨全球健康危機的時候。我們能不能提升愛的力量，並意識到我們對一個人做的，就是在對我們自己做的呢？

我們是一個巨大的、宇宙大小的、活生生的神聖生命體。我們不斷破壞愛的原因很明顯：因為我們害怕分享自己所擁有的東西。我們害怕放棄貪婪的力量。我能理解。但如今，我們面臨了全球滅亡與全球轉變的抉擇，誰會不選擇釋放愛的力量？

主啊，我不得不說，這真的讓我很困惑。仇恨和恐懼的力量真的有那麼大，讓一個人寧願選擇武器，而不是生命嗎？我猜真的是這樣，因為我們每天都看到這樣的事情。但我知道，一切都可能在轉瞬間改變，就像佛陀教導的那樣。所需要的，只是對的話語（即神聖語言）滲透到足夠多的人心裡。我知道。我也相信。

主啊，請照看我們。我看到的所有生物，一直以來都在為生命加油打氣。

指引

要什麼代價，才能讓我們改變？還需要多少危機，我們才會了解我們是一個人類整體——我們跟世界各地的人都是一樣的訊息？貪婪是毒藥。沒有人會帶著自己的銀行帳戶離開這個世界。世界上所有的財富都無法為你多買一分鐘的生命。

恩典

頓悟就是體驗到一種突然的覺醒，體會到另一種更有生機（實際上也更神祕）的意識。這種經驗是被給予的。你沒辦法引起一個頓悟。這是種恩典的舉措。你會變成一個不同的人，註定要過上跟前一秒鐘完全不同的生活。太空人艾德加·米契爾（Edgar Mitchell）在他的太空船裡就獲得過這樣的頓悟。他從遠處看著地球，意識到他看不見任何國界。他所能看到的，只有這個美麗的藍色星球——我們所有人的家園。

頓悟是一種神祕經驗，能點燃一個人新的人生道路；頓悟也是一種恩典的下載，能讓我們產生對世界全新的理解。

主啊，我不懂的事情太多了，我也沒辦法了解。但如果我準備好，能夠看得更多、了解更多，請打開我的靈魂之眼。請賜給我頓悟的恩典，讓我每一天都可以吸收更多的真理，更深刻地理解神聖的生命法則。

98 暗夜中的光

禱詞

主啊，請成為我黑暗中的光，黑夜中的燭火。因為那就是陰影（大德蘭所說的爬蟲類）開始在我的心牆上起舞的時候。不知為何，這些惡魔還是有辦法進得來。我認為自己已經過了小驚小怕的階段，但我卻發現還沒有。這讓我很生氣！我預期現在自己能從對祢的信仰中獲得更多。

但主啊，這種恐懼並不是出自於對祢信仰或信任的缺失。不，這是因為我害怕人們在恐懼時會做出什麼事——或許最重要的，是我自己。我不害怕祢。幾乎不會。是外在的世界讓我感到瑟瑟發抖。對我來說，祢是我所熟識、值得信賴的，這在我的人生裡始終如一。另一方面，這個世界代表了未知和反覆無常的一切。這世界充滿了精神自由基，會點燃人們心中的壞念頭，就像點燃的鞭炮一樣。

我需要祢的光來穩住我，尤其是當那種「可能會發生什麼事」的感覺佔據了我思緒的時候。我請求祢，主啊，把我提升到那些思想型態之上。讓我沉浸在祢靜謐的恩典之中，讓最黑暗的時刻感覺起來就像是遙遠的記憶。

指引

聖女大德蘭把負面想法、態度和情緒描述成爬進我們頭腦和心裡的爬蟲類。她是對的。這些都是入侵者，而且在黑夜中，它們比我們看得更清楚。我們可能會認為，我們已經克服了恐懼、負面影響，或者控制模式；然後會發現，這些東西只是找到了不同的方式進入我們心裡。這些東西透過我們潛意識中鮮為人知的通道進入，再次讓我們落入了佛陀尺度的幻象重力場中。我們朝向黑暗面墜落，落入那個長長的內部隧道中。就在我們被噩夢的情緒坑洞弄得暈頭轉向時，我們最可怕的噩夢從沉睡中醒來。當我們意識到我們喚醒了心中的惡龍、怪獸和鬼魅的時候，也只能在心裡暗叫一聲糟。再一次，我們又要準備迎戰那些陰魂不散的鬼入侵。

就在我們認為自己已經清除了那些不受歡迎的心靈定居者時，我們卻被提醒，它們實際上擁有了我們內心的部分產權。它們不只是路過而已。無論如何，我們都必須跟它們和平相處。我們必須允許它們住下來，因為它們屬於我們。它們是我們的惡龍、我們的怪獸和我們的鬼魅。

但我們可以記住，它們受到我們的條款約束；它們必須遵守我們的規則。而這種協商需要禱告。普通的想法和語言沒有挑戰黑暗的權限。我們可以用普通的話語讓自己平靜下來；我們可以告訴自己，一切都會沒事的，沒有什麼好害怕的。但沒有了恩典，言語只能讓我們暫時平靜下來。另一方面，光有權管理黑暗。由恩典啟動的話語會滲透到你的靈魂裡，粉碎負面的想法，並用神聖的訊息取而代之。恩典的話語會提醒你，你會沒事的。事情會解決的。

恩典的傳遞對於重新設定你的整體存在狀態有立即的效果。人們經常告訴我，他們聽到一個聲音，告訴他們會沒事的，而他們知道，它說的是真的。他們從來沒有想過要質疑自己是否真的聽到了那個聲音。他們知道自己聽到了，並且立刻就相信了那位神聖的信使。

恩典

神聖聆聽的珍貴恩典深植在我們心中，安撫我們的內心，滲透到我們身上的每一個細胞裡。神聖是有機的，就像我們一樣。神聖之光流過我們的骨血，流過我們的思緒和情感。這就是神在我們心中的存在。不要聽信話語……用感覺和意會來尋找你通往神聖的道路。

主啊，當我需要進入沉默時，我祈求神聖聆聽的恩典。請幫助我讓內心的爬蟲類安靜下來，我才能聆聽靜定，也就是祢——我黑夜中永恆的燭光。我對這種恩典的需要，比自己意識到的還要多。很多時候，我會放鬆警惕，突然間，世界和它的問題似乎大到讓我無法承受。主啊，我們不能冒著認為這些是無法承受和不能克服的風險。有了祢，一切皆有可能，即使是在我們生命中最黑暗的通道裡，也能找到出路。

99 當我們沉睡時

禱詞

主啊，請在我們睡著的時候照看著個世界。請派遣祢光的使者到我們夢裡對我們呢喃。當我們在生命中每個嶄新的一天醒來時，請給我們希望。被早晨擁抱是一種祝福，知道新的一天充滿了美好的可能。僅僅有這種想法就是一種祝福：一種恩典的神聖火花，能夠點燃我對生命中一切的熱情。只要一點點的恩典，就能幫助我們重新看待我們的人生。只要一點點的希望、毅力或愛，就能夠注入生命力，即使是最枯竭的靈魂也不例外。

主啊，我們的確會感到精疲力盡。有時候普通的休息不足以恢復我們的身心靈。我們所有人都可以用這些為我們帶來安慰和恩典的神聖夜間信使，他們在我們晚上睡覺時溫柔地將我們帶到療癒的領域，用療癒的恩典照亮我們的靈魂。

主啊，請用祢的關懷來包圍這個世界，現在更甚於以往。這個世界因為黑暗和恐懼而支離破碎，有很多人都在懷疑，上天是否缺席了。對於我們這些知道比較多的人，會在這裡持續為所有人祈禱——就像祢在我們睡著時一直照看著我們所有人一樣。

指引

我記得一個故事，一個女人（一名記者）在多年缺席後回到了天主教堂。她的家人在聖誕節剛好到外地去了，而她不想要孤孤單單地度過那個聖誕夜。於是，她走進了她能找到的第一間教堂裡。碰巧這是一座方濟會（Franciscans）與貧窮修女會（Poor Clares）的教堂。（貧窮修女會是與方濟會創始人聖方濟有關的修女社群。）當方濟會神父向聚集在那裡的少數教區居民提供聖餐時，他首先走到了祭壇旁邊牆壁內建的一個木製小屏風前，把它推開，給住在「牆後面」的修女們遞送聖餐。

她的好奇心佔了上風，於是就在彌撒後留下來，詢問神父她剛剛看到的事情。神父告訴她關於貧窮修女會的事。她無法理解，為何這些女人會選擇過如此與世隔絕的生活。神父告訴她，其中有一個人已經六十八年沒有離開這棟建築物了。她問：「她們在裡面做什麼？我的意思是，她們在這棟建築物裡面待了六十八年，能做些什麼？」神父回答：「她們在禱告。」她還是很好奇（也很困惑），於是繼續問道：「她們在為誰禱告？」神父直視著她的眼睛，回答說：「為了妳。」

神父解釋，這些隱居的修女致力於替所有不為自己禱告的人禱告。她們正在替那些沒有意識到他們需要禱告來幫助他們通過考驗和困難的人禱告。她們替世界禱告，成為全人類的恩典渠道。

我珍藏這個故事，當成一種提醒，提醒我有很多種方法可以為這個世界服務和奉獻。禱告就是其中的一項。就算你看不到禱告所帶來的好處，或者在你禱告時所產生的恩典，也不要緊。當你尋求幫助或指引時，你會看到賜給你的恩典，也只會看到這些恩典。不過，我們所有人都曾經在生命中經歷過恩典的效果。當你在內心深處說出作為禱告或想法的神聖語言，並且傳遞給另一個人時，神聖語言就是恩典的傳遞。

恩典

覺察的恩典會提升你對於世界和其中居民的感受。它讓你變得更加意識到其他人——注意到他們的脆弱、他們怎麼樣衰老、他們在尋找什麼，還有什麼讓他們快樂或悲傷。更奇妙的任務是去注意別人，而不是被注意。

很少有人早上起床，就列出那一天想要避開和忽略的人。然而，我們之中很少有人會有意識地去注意別人。所以，帶著好奇的眼光去看待別人，就好像他們是活生生的故事書一樣——因為每個人確實都是如此。然後，聽聽他們的故事。最終，當我們跟別人分享那麼多相同的經歷後，就會在覺察中成長。我們從未，也永遠不會孤單。

主啊，請賜給我覺察的恩典。請讓我不斷在覺察中成長，意識到我是全人類中的一員；意識到我對一個人所做的，也就是對所有人做的；意識到天上如此，人間亦然；意識到我所擁有的每一個想法和感受也都是選擇，而這種選擇是一種創造的行為；意識到所有的生命都一起呼吸。祢照看著萬物，即使在我們睡著的時候也不例外；但我們也必須用每一個有意識做出的選擇，成為生命的守護者。

100 無論如何，請選擇愛

禱詞

主啊，請照看我所愛的人——我的家人、朋友，以及所有那些用他們不曾、也永遠不會意識到的方式對我的生命做出諸多貢獻的人。我們用很多不同的方式去愛。愛的確有很多很多的表達方式。我對家人和朋友愛得那麼深。我非常了解他們，也許更愛他們，因為他們知道我的怪癖和弱點，卻仍然還是愛我。這是顯而易見的愛，而且是不費吹灰之力就能得到的愛。

然而，主啊，多年來祢以我沒有預料到的方式，用愛人的恩典祝福了我。或許這種感覺是愛、感激與敬畏的綜合體，全部都混合在一起。這是一種由衷的感覺，現在存在我內心裡，就好像它一直在那裡。能跟這麼多人分享我生命經驗的祝福，以及能夠幫助他們面對生活挑戰的恩賜，都讓我銘記在心。

主啊，我原本不曾探求一條幫助別人的路。我想到還是會感到好笑。我原本想要成為作家，這樣我就可以獨自工作，不必與人相處。然而，如此一來，我要怎麼學會任何東西呢？我要怎麼發現愛的本質、靈魂、禱告的力量，還有祢呢？祢把我逗笑了……真的。謝謝祢讓我看見，生命就是關於愛。

指引

不論你做什麼，用愛去做。如果你在內心裡感受不到愛，那就試試看善良、尊敬、耐心——或者保持沉默。儘管很難理解（而且我承認，即便不是不可能，也很難相信），但我們生命中的一切絕對都是為愛搭建的舞台。佛陀明白這個道理。耶穌教我們這個道理。他們不是在妄想。我們只是發現，無條件的愛發起的神聖挑戰是無法承受的。而它的確讓人無法承受。

靈魂的愛需要恩典的幫忙。我們都會發現，自己身處於被召喚（我的意思確實是被召喚）成為恩典渠道的環境中。我們不是因為個人原因，或者為了接受愛，才會處於這樣的情況下。我們在那裡，是為了散發出愛本身——愛的恩典。

大多數人沒辦法處理這樣的任務，因為這是一項完全為他人服務的課題。大多數人都想知道：「這對我有什麼好處？」以及「人們對我有什麼感覺？」很難想像，你被安排擁有一段關係、一個工作，或進入一個組織，只是為了成為恩典的引雷針。但這樣的任務是被賦予的——而且並不罕見。例如曼德拉（Nelson Mandela）就接到了這樣的任務，甘地（Gandhi）也是。（請注意，我需要舉一些知名人士作為例子。事實上，有無數的人都被召喚到這樣的任務之中，只是我們不認識他們。）無論是誰被召喚，或者任務是什麼樣子，最終都是關於一個選擇：愛。

恩典

你知道愛的恩典是很強大的。只要記住，愛是種理應分享的恩典。你不會把愛用完。所以，請分享愛，「浪費」愛，將它傾注在想法、言語和行動上。想著愛。說著愛。變成愛。時時刻刻呼吸著這種恩典。

愛的恩典是種純粹的幸福。主啊，它沒有不好的一面。這種恩典只會啓發我們，讓我們想要為我們所愛的人做到不可能的事。難怪我們總是把祢和愛聯繫在一起。當我們在生命中需要不可能的事情發生時，就會向祢求助。愛似乎是聯絡祢的方式，祢的直播熱線。當我們把愛與信仰結合在一起時，就會直接找到祢。如果我不願分享愛的恩典，就無法祈求這種恩典——我明白。但我也了解到，這是一種不會留在一個人心裡的恩典。它渴望被分享，而且上面有祢的印記。這一切是多麼奇妙……

最後的叮嚀

我知道，對神聖（這個無形又廣闊的未知）的信仰和信任，有時候需要超乎想像的努力。有時候，感覺上禱告好像只不過是我們在自言自語。而有時候，尤其是在我們處於恐懼或絕望中時，很容易懷疑：神現在在哪？我一直祈求的幫助在哪？

我了解——相信我，我真的了解。

當我告訴你禱告就是力量，每個禱告都會被聽見、被回應，我們所做和所說的一切都已經被知曉的時候，你完全沒有理由相信我的話。如果我自己沒有經歷過，我也不確定我會不會相信自己。但我的確經歷過夠多深度與神聖親密的神聖時刻（雖然每次只有幾秒鐘），讓我知道這是真的。正如聖女大德蘭曾經寫道：「當上帝進入你靈魂之牆時，只要一秒鐘，就足以影響一生。」她是對的。

所以，這就是我為你所做的禱告。願你親身體驗到禱告的力量。願你人生每一步都沐浴在恩典中。願神進入你的靈魂之牆——即使只有一秒鐘。一秒就足以影響你的餘生。我保證。

恩典索引

以下的索引會幫助你在需要特定恩典時找到適當的禱詞。禱詞按照篇章的號碼列出。

接受（Acceptance）：23
覺醒（Awakening）：39
覺察（Awareness）：99
敬畏（Awe）：58
平衡（Balance）：38
祝福（Blessing）：30
神恩（Charism）：87
清晰（Clarity）：22、40、57、83
安慰（Comfort）：65
同情（Compassion）：2、10、32、36、60、66、92
忠告（Counsel）：31
勇氣（Courage）：5、18、36、46、64、67、69、78、81、86、92、93
決心（Determination）：8
虔誠（Devotion）：51
洞察力（Discernment）：50
神聖介入（Divine Intervention）：26、27、34
忍耐／耐力（Endurance）：7、16、47、59、70、90
頓悟（Epiphany）：97
期待（Expectancy）：24、26
信仰（Faith）：1、53、61、73、77、84
寬恕（Forgiveness）：37
堅韌（Fortitude）：55
慷慨（Generosity）：52
感恩（Gratitude）：13、19、63
療癒（Healing）：79、92、95
希望（Hope）：54、90
謙卑（Humility）：4、25、29、49、74、88、96
喜悅（Joy）：85
聆聽（Listening）：98

愛（Love）：43、89、91、94、100
憐憫（Mercy）：27、80
正念（Mindfulness）：21
滋養（Nurturing）：45
保護（Protection）：20、35、72
天祐（Providence）：76、82
靜謐（Quietude）：56
韌性（Resilience）：11
靜默（Silence）：14
堅強（Strength）：92
臣服（Surrender）：9
信任（Trust）：3、12、17、28、44、48、62、71、84
理解（Understanding）：37
整體性（Wholeness）：33
智慧（Wisdom）：15、42
奇蹟（Wonder）：6、41、68、75

銘謝

能夠向生命中（以及內心裡）在辛苦的寫書任務中，一直在各方面支持著你的人表達愛與感激，絕對是一種榮幸。特別是在作者一開始對於是不是應該寫這本書有很多疑慮的情況下，更是如此。

我要大大感謝我永遠親愛的朋友兼事業夥伴大衛・史密斯（David Smith），感謝他對於禱告力量有無盡的信仰，與他人分享這些禱告的需要，以及在卡洛琳・密思學院（Caroline Myss Education，簡稱CMED）工作上為他人服務的貢獻。他的心已經成為神聖真正的服侍者。

我很幸運，有一個親密且充滿愛的親友圈，這輩子一直都是我神聖的橡樹花園。在醞釀這本書的這幾年裡，這些支持特別讓我感動，因為我就是靠著這些我愛與信任的人鼓勵我的話語持續前進的。儘管感激的話語不足以完整表達出我所有的感受，但我懷著深深的愛與感激，感謝我的母親、我的兄弟艾德、我的姪子姪女瑞秋、莎拉、艾利森、安琪拉、喬和艾迪，他們總是讓我的生活充滿喜悅。

在我心中也懷抱著同樣的愛和感激，源源不絕地湧向我摯愛的朋友大家庭：克莉絲汀娜・卡林諾（Cristina Carlino）、愛倫・岡特（Ellen Gunter）、安德魯・哈維（Andrew Harvey）、布朗溫・波以爾（Bronwyn Boyle）、貝絲・札克（Beth Zacher）、喬伊絲・朱（Joyce Chu）、茱蒂絲・雷勒—沙爾金（Judith Lalor-Sarkine）、珍妮特・瓦特（Janet Watt）、艾莉絲・蘇利文

（Alice Sullivan）、吉姆・柯頓（Jim Curtan）、瑪麗・史蒂芬尼（Mary Stephany）、吉兒・安傑羅（Jill Angelo）、瑪麗・海德康普（Mary Heidkamp）、羅伯特・歐胡托（Robert O'Hotto）、莎莉・普列斯卡特（Sally Prescott）、查爾斯與蘇・威爾斯（Charles and Sue Wells）與諾曼・席利（C. Norman Shealy, M.D., Ph.D.）醫師。有了以上這些人的支持，即使是寫作瓶頸也都變得可以忍受。

最後，我要傾注我的感謝給我的老朋友兼精神導師湯瑪斯・拉文（Thomas Lavin, Ph.D.）博士，謝謝他在這趟旅程上陪著我走了好一段路。我要感謝你們每一個人。

我還要感謝我成千上萬的學生們；過去幾年來，他們都會向我索取我在工作坊分享的禱詞。編寫一本禱告書的建議，最初就是來自於參加我工作坊的人，以及因為一則網上發布的禱詞而發送給我的回應。如果不是來自世界各地這麼多很棒的人找我要那些觸及他們心靈的禱詞，我懷疑自己也不太可能（沒有想過）會考慮寫一本關於禱告的書。為了他們，我把所有這些禱詞都包含在這本書裡面了。

出版團隊的支持是最重要的。每個作家都知道，一名出色的編輯加上一家成功的出版社，是他所能擁有的最大祝福——而我很幸運地兩者都有。我要向我的編輯凱莉・諾塔拉斯（Kelly Notaras）獻上我的感謝、欣賞與深深的敬佩，感謝她的天賦和奉獻。我很感謝你不可思議的才華、耐心，以及真正造就一位出色編輯的敏銳編輯眼光。我也要謝謝帕蒂・吉福特（Patty Gift），一如既往，謝謝妳無時無刻、無微不至的編輯指導。

我還要感謝瑞德・崔西（Reid Tracy）以及賀氏書屋（Hay House）這個大家庭多年來的

支持。在他們的諸多優點中，我特別要感謝他們的耐心。他們真正體現了路易絲．賀（Louise Hay）的靈魂——我曾經有幸見過最具啟發性的人之一。

神性的親密對話
祈請指引，連結神聖恩典的祈禱
Intimate Conversations with the Divine

作　　者　卡洛琳・密思（Caroline Myss）
譯　　者　謝宜暉
封面設計　兒日
內頁排版　高巧怡
行銷企劃　林瑀、陳慧敏
行銷統籌　駱漢琦
業務發行　邱紹溢
營運顧問　郭其彬
責任編輯　劉淑蘭
總 編 輯　蔣豐雯
出　　版　豐富文化／漫遊者文化事業股份有限公司
地　　址　台北市松山區復興北路331號4樓
電　　話　(02) 2715-2022
傳　　真　(02) 2715-2021
服務信箱　service@azothbooks.com
網路書店　www.azothbooks.com
臉　　書　www.facebook.com/azothbooks.read
營運統籌　大雁文化事業股份有限公司
地　　址　台北市松山區復興北路333號11樓之4
劃撥帳號　50022001
戶　　名　漫遊者文化事業股份有限公司
初版一刷　2022年9月
定　　價　台幣480元

國家圖書館出版品預行編目 (CIP) 資料

神性的親密對話 : 祈請指引, 連結神聖恩典的祈禱/ 卡洛琳. 密思(Caroline Myss) 作 ; 謝宜暉譯. -- 初版. -- 臺北市 : 豐富文化, 漫遊者文化事業股份有限公司出版 : 大雁文化事業股份有限公司發行, 2022.09
352 面 ;14.8x21 公分
譯自 : Intimate conversations with the divine : prayer, guidance, and grace
ISBN 978-986-94147-7-7(平裝)
1.CST: 祈禱
244.3　　111013059

ISBN　978-986-94147-7-7